Text Manuel Sauer   **Fotos** Marianne Majerus, Jürgen Becker

junges gartendesign

TERRASSEN UND SITZPLÄTZE

Inhalt einleitung **7**   am haus **8**   im garten **80**   sitzmöbel **158**   anhang **186**

Pflegeanweisung

Bepflanzung

Material

Anleitung

Information

Anregung

„Site is a sculpture."
(Isamu Noguchi, Land-Artist, Japan/USA)

Einleitung   Die junge Gartenkultur schätzt den Garten heute als individuellen Lebensraum und nutzt ihn zunehmend für vielfältige Freizeitaktivitäten unter freiem Himmel. Sobald es das Wetter erlaubt, wird hier gelebt, geträumt und gefeiert. Nirgendwo sonst in der durchorganisierten Alltagswelt kann der moderne Mensch sich selbst und seiner Natur so unmittelbar und spontan nahekommen wie in seiner persönlichen Gartenoase vor der eigenen Terrassentür. Sie ist für ihn intimer Rückzugsraum und zwangloser Treffpunkt zugleich. Darüber hinaus hat der Garten immer auch die Funktion einer ästhetischen Kulisse beim Blick aus dem Inneren des Wohnhauses hinaus – bei Tag und auch am Abend. Veränderte Lebensweisen suchen hier nach angemessenen Ausdrucksformen.

Der Gestaltung der Aufenthaltsbereiche im Garten, den Sitzplätzen und Terrassen kommt in der Gartenplanung dabei eine besondere Bedeutung zu, denn die möglichst einladende Ausstattung dieser Orte beeinflusst maßgeblich die Verweildauer im Garten und bestimmt somit letztlich die Nutzungsqualität des ganzen Außenwohnraumes. Wer seinen Traumgarten wirklich attraktiv und gemütlich gestalten möchte, braucht also nicht nur eine einzelne kreative Idee für einen Sitzplatz, sondern sollte frühzeitig ebenfalls bestimmte Überlegungen zur räumlichen Gesamtwirkung in die Planung einbeziehen.

Daher finden Sie in diesem Ideenbuch nicht nur einen inspirierenden Stilmix von Modern über Romantik bis Freestyle und zahlreiche Pflanzentipps. Anhand von speziell angefertigten Übersichtsplänen und Detailskizzen erhalten Sie – egal ob Profi oder Laie – auch bewährtes Hintergrundwissen aus der konkreten Planungspraxis. So können selbst unkonventionelle Designansätze besser auf Machbarkeit geprüft werden. Zur leichteren Anwendbarkeit unterscheidet das Buch die beiden Gestaltungsschwerpunkte „Sitzen am Haus" sowie „Sitzen im Garten" und bietet drittens einen eigenen Ideenteil „Sitzmöbel". Dadurch sind die zusammengestellten Informationen für Sie noch bedarfsgerechter abrufbar.

Und nun lade ich Sie ein zu einer anregenden Reise durch eine vielfältige, junge Gartengenusswelt. Machen Sie es sich einfach bequem ...

Manuel Sauer

Die am Haus gelegene Terrasse ist in der Regel die erste Adresse im Garten sowie der zentrale Aufenthaltsbereich für alle Gartennutzer. Hier trifft sich die Familie und bewirtet ihre Gäste. Die Terrassenfläche sollte daher nicht zu klein gewählt werden, zumal hier neben vielleicht großzügigen modernen Lounge-Möbeln auch Sonnenschirme, Grills oder dekorative Pflanzkübel gewünscht sind. Mitunter haben Hausterrassen überdies weitere Gestaltungselemente wie ein Wasserspiel oder eine Feuerstelle einzubinden. Der Stil einer Terrasse am Haus – oder in seiner unmittelbaren Nähe – ist meist besonders stark von der Architektur des Gebäudes beeinflusst. Daher sind hier eigenständige Materialthemen seltener zu finden, sondern eher ein Design, das einen erkennbaren Bezug zur unmittelbaren gebauten Umgebung des Sitzplatzes herstellt. Da die Terrasse direkt an das Haus anschließt, stellen sich dort außerdem immer bestimmte bauliche Fragen. So können sich beispielsweise auch die Austrittshöhe vom Wohnraum aus der Terrassentür, die höhengerechte Anbindung an seitliche Zuwegungen, die Oberflächenentwässerung, vorhandene Lichtschächte oder eine in den Terrassenbereich hineinragende Kellertreppe prägend auf die Gestaltung der Terrasse am Haus auswirken.

am haus

Hangout mit Tiefenwirkung

Damit ein bestimmter Raum überhaupt als solcher wahrgenommen werden kann, braucht er in irgendeiner Weise eine Umgrenzung. Doch oft besteht gerade bei kleinen Gartenräumen eher das Verlangen nach Öffnung, um dem Garten möglichst viel Weite zu schenken. Aber Sie sollten immer ehrlich hinterfragen, welche „Landschaftsumgebung" Sie hinter Ihrem Garten sehen werden. Ist es nicht eher der Carport des Nachbarn – oder seine Wäschespinne? Sehr viele Gärten bieten leider keine wirklich schönen Ausblicke. Vor solch einem Hintergrund kann dann auch kein noch so gutes Design greifen. Lenken Sie die Aufmerksamkeit also besser von der nachbarschaftlichen Umgebung ab und in Ihre eigene Gartenwelt hinein. Dabei ist die Gestaltung der Raumeinfassung sehr wichtig, denn sie hat den Blick zunächst aufzufangen. Je besser es Ihnen gelingt, diese Einfassung und die übrige Gartengestaltung in einem Designthema zu vereinen, desto überzeugender wird das Gesamtergebnis in Ihrem Garten ausfallen. Dieser Garten besticht durch eine harmonische Materialverwendung in allen Bereichen und einer klugen Flächenaufteilung. Ein individuelles Ausrufezeichen setzt die in einem leuchtenden Orange gestrichene Betonblockachse. Sie führt den Blick weit bis an das Garten-Kopfende und bezieht in genialer Weise farblich sogar die peppige Sitzmöblierung mit ein.

Fotos Marianne Majerus **Design** Sara Jane Rothwell, JoanMa Roig, UK

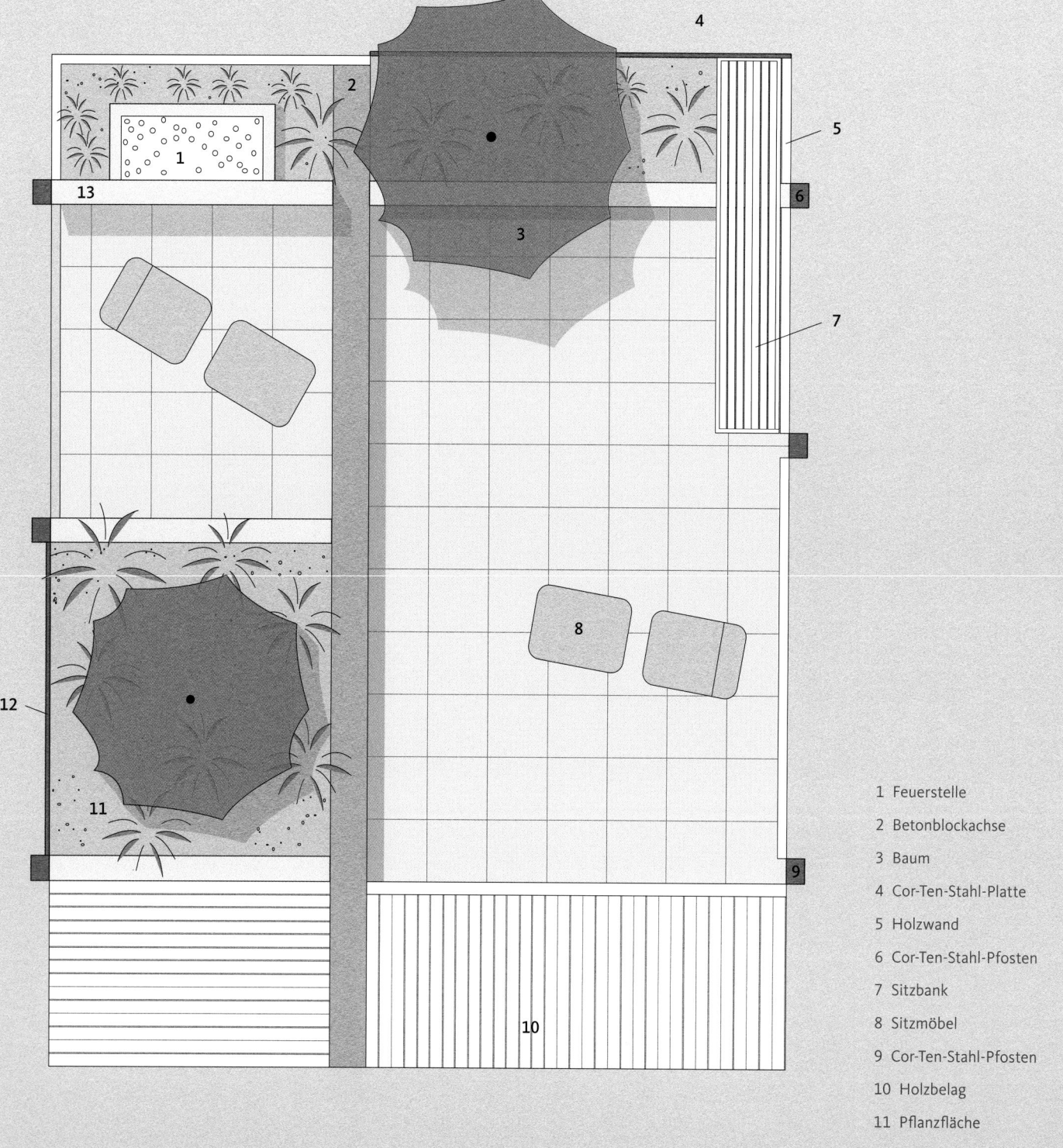

1 Feuerstelle
2 Betonblockachse
3 Baum
4 Cor-Ten-Stahl-Platte
5 Holzwand
6 Cor-Ten-Stahl-Pfosten
7 Sitzbank
8 Sitzmöbel
9 Cor-Ten-Stahl-Pfosten
10 Holzbelag
11 Pflanzfläche
12 Cor-Ten-Stahl-Platte
13 Gartenmauer

Wechselbild   Holz und Cor-Ten-Stahl-Platten bilden die zwei Meter hohe Umgrenzung. Der gekonnte Einsatz der beiden Materialien als wechselnde Wandelemente und die unterschiedlichen Breitenaufteilungen der Felder lassen ein kurzweiliges, aber keinesfalls unruhiges Hintergrundbild entstehen. Es eignet sich gleichzeitig vortrefflich auch als warm wirkende Reflexionsfläche für die abendliche Gartenbeleuchtung. Beachten Sie aber: Holz verändert sein Oberflächenbild unter UV-Bestrahlung. Je nach Intensität wandelt sich jede natürliche Holzfarbe innerhalb kurzer Zeit in ein nahezu identisches edles Hellgrau.

Feuer auf Knopfdruck

Eine interessante Alternative zum klassischen Holzfeuer könnte die Gasflamme sein. Versteckt zwischen einer Steinlage wie auf diesem Bild sind Brennerdüsen angeordnet, um ein möglichst authentisches Lagerfeuer zu simulieren. Es produziert keine Asche, qualmt nicht und kann spontan entfacht und gelöscht werden. Leider knistern seine Scheite aber auch nicht so schön romantisch und manch jemand vermisst vielleicht auch das duftige Holzaroma in der Luft. Vergessen Sie aber nicht, auch den Platz zur witterungsfesten Unterbringung einer austauschbaren Gasflasche möglichst frühzeitig einzuplanen.

🔨 Holzöl gegen „Farbverlust"?

Wo die Sonne hintrifft, verliert Zellulose alle Farbpigmente und ergraut. Wer das bei dem Naturprodukt Holz leider doch als ästhetischen Nachteil empfindet, kann ein eingefärbtes Holzöl auftragen. Die Behandlung ist in der Regel allerdings mindestens einmal jährlich zu wiederholen. Da das Öl sich innerhalb der Holzstruktur unterschiedlich schnell abbaut, können fleckige Oberflächen zurückbleiben, die auch nach einem Ölneuauftrag bald wieder zum Vorschein kommen dürften. Und andererseits: Ergraute, aber regelmäßig gereinigte Holzbeläge können durchaus, mit Möbeln in poppigen Farben kombiniert, eine spannungsgeladene, individuelle Optik liefern.

Von Bänken und Boxen
Dachgärten sind eigentlich nie mit ausreichend Platz gesegnet. Umso notwendiger sind dort also Lösungen, die möglichst großzügige Aufenthaltsflächen, aber auch genügend Raum für ein grünes Ambiente zulassen. Auf dieser Dachterrasse sorgt eine weitläufige Eckbank für reichlich Sitzgelegenheit. Sie umläuft konsequent nahezu den gesamten Brüstungsbereich bis auf einen frei zu haltenden Durchgang zur Nachbarterrasse. Dass die Sitzfläche dabei jedoch nicht monoton daherkommt, hat sie einigen klugen Details zu verdanken. Auf den ersten Blick fällt das Kunstobjekt ins Auge. In einen nach vorne offenen Schaukasten gestellt, erscheint die Skulptur vom Wohnraum aus betrachtet wie ein auf eine zweidimensionale Leinwand gebanntes Gemälde in einem breiten, weißen Bilderrahmen. Durch seine Position auf der mittleren Fensterachse bestimmt es stark die räumliche Gliederung der Terrasse. Die Front des kleinen „Kunstraumes" passt sich genau den seitlich daran anschließenden Pflanzgefäßen an, die als Rückenlehne vor der dahinter befindlichen Glasbrüstung fungieren und dem grünen Sichtschutz seinen erforderlichen Wurzelraum sicherstellen. Da auch die untere Bankverblendung Material und Farbe der Kübel aufweist, verwachsen Bank und Pflanzgefäße zu einer klar gestuften Kastenstruktur.

Fotos Helen Fickling **Design** Andy Sturgeon, UK

Feuchtes Moos trifft trockenes Holz

Gestaltungen mit echtem Moos in Bauteilen erfordern eine erhöhte gärtnerische Aufmerksamkeit, da Moose eine konstante leichte Bodenfeuchte bevorzugen. Damit diese Dauerfeuchtigkeit nicht das Holz der Sitzbank angreift, sollte die Abtrennung von Holzrahmen und Pflanzkasten gut hinterlüftet konstruiert und wasserdicht mit Folie erfolgen.

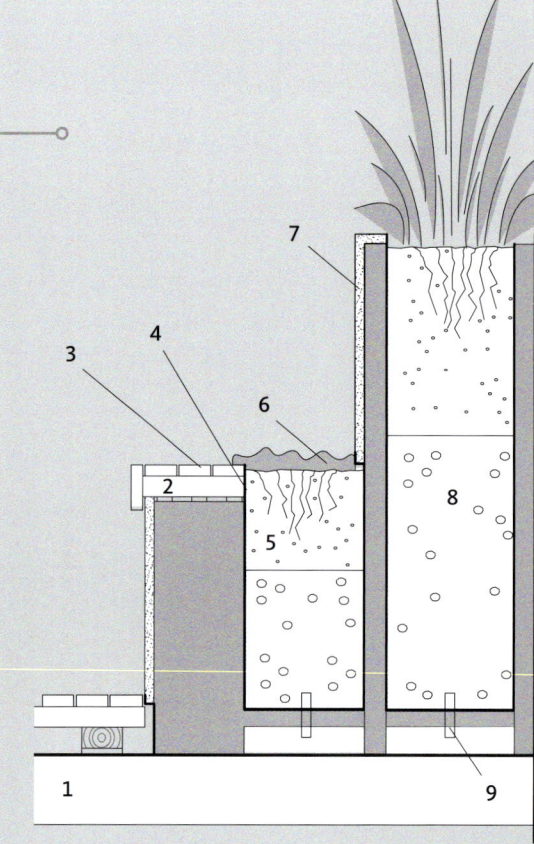

Gestuftes Pflanzbeet mit Entwässerung

1 Dach
2 Unterkonstruktion
3 Holzdiele
4 Folie
5 Pflanzsubstrat
6 Moos
7 wasserfeste Beschichtung
8 Drainschicht
9 Entwässerung

Bank-Begrünung Gegen zu viel Ordnung arbeitet die seitlich von rechts ins Bild laufende Teilbegrünung der Sitzfläche an. In leichten Wolken erwächst ein weicher Moosteppich aus dem Bankelement, als hätte es sich hier zufällig angesiedelt. Doch natürlich wird das Auge getäuscht, denn die Pflanzenlinie wurde bewusst eingeplant. Das gleiche Moosband findet sich auch als Abschluss am gegenüberliegenden Bankkörper, wo ein Oberlicht am Boden zu berücksichtigen war. Durch den grünen Abschluss im Sitzelement verringert sich die Gefahr, dass dort jemand von der Bank aufstehend unbedacht sofort auf die Scheibe tritt.

Wand zeigt Wirkung Es gibt wohl nur wenige Räume, die keine Umgrenzung benötigen, weil sie wirklich „unendlich" schön in die Tiefe reichen. In der urbanen Gartenwelt ist es jedoch nur selten ohne eine überzeugend gestaltete Raumfassung möglich, ein behagliches Wohngefühl zu schaffen. Wer etwas anderes als eine gewöhnliche Hecke sucht oder eine weniger platzaufwendige Lösung benötigt, kann sich mit schmal gebauten Wandstrukturen helfen. Ein richtiger Gestaltungsgedanke wäre es dabei, den Charakter der Wände auf die vorhandene Hausarchitektur abzustimmen. Dabei darf der Stil einerseits Gemeinsamkeiten, aber andererseits durchaus auch gegensätzliche Kontraste aufzeigen. In dem hier vorgestellten Projekt wurde die Holzfassade des modernen Anbaus weitergeführt. Unterbrochen von vertikal begrünten Wandelementen verlaufen feine Holzlatten-Linien entlang der gesamten Gartengrenze. Am Ende umfassen sie ein kubisches Atelier, das dem Wohnhaus wie ein verkleinertes Abbild gegenüberliegt. Die verwendete „vertikale Begrünung" ist eine relativ neue Alternative zur klassischen Wandbegrünung aus Kletterpflanzen. Sie fordert allerdings deutlich mehr gärtnerische Aufmerksamkeit ein als ein genügsamer Schlinger am schlichten Rankseil.

Fotos Marianne Majerus   **Design** Miles Raybould, UK

 **Steilwand-Beet**

Die vertikale Begrünung entspricht im Prinzip einem senkrecht aufgestellten Pflanzbeet. Damit dennoch alles an seinem Platz bleibt, bedarf es einer Unterstützung. Das Grundkonzept besteht aus einer stabilen Basisplatte, die auf Trägerprofilen an die Wand montiert wird. Die Profile sorgen als Abstandhalter für eine gute Hinterlüftung. Auf der Basisplatte ist dann beispielsweise eine kassettenartige Konstruktion befestigt, die mit Pflanzsubstrat verfüllt und mit einem Geotextil nach vorne verschlossen wurde. Hierzu bietet der Markt unterschiedliche Systeme an. Eine Tropfbewässerung stellt die erforderliche künstliche Wasserversorgung sicher, ein Sammler entlang der Unterkante leitet das Überschusswasser ab. Legen Sie bei den Pflanzsubstraten Wert auf eine konstant gute Durchlässigkeit wie bei einem Lava-Kompost-Gemisch. Die Pflanzenauswahl bestimmt insbesondere der künftige Lichteinfall auf die Wand.

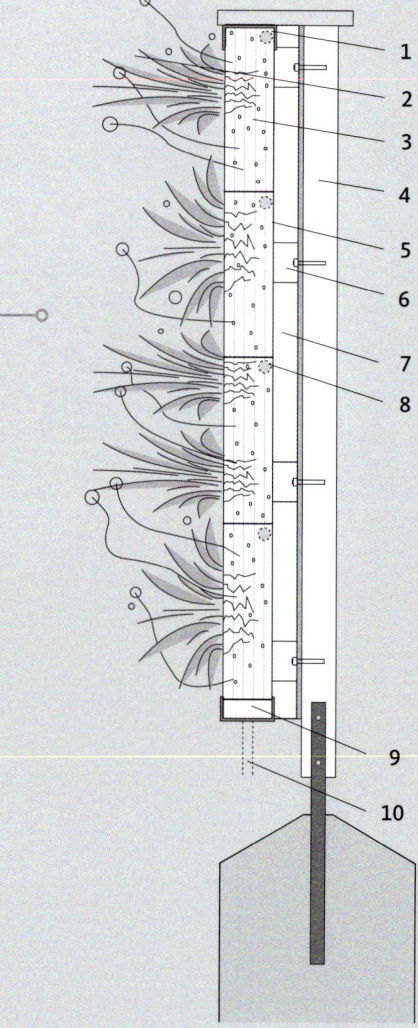

Funktionsprinzip einer vertikalen Begrünung

1 Metallrahmen
2 Pflanzen
3 Substratträger/-segmente (Vlies)
4 Holzpfosten
5 Basisplatte
6 Trägerprofil
7 Hinterlüftungsraum
8 Tropfbewässerung
9 Wassersammler
10 Entwässerung

Guter Eindruck Vertikale Begrünungen wollen selbstverständlich die Blicke auf sich ziehen. Neben einer allgemeinen Robustheit empfehlen sich daher für die Bepflanzung immergrüne Gräser und Farne sowie blühende Stauden mit einem dichten und möglichst lange haltenden Blattgrün, denn ungepflegt aussehende Winterkahlstellen sind dort weniger erwünscht. An den Wänden vorbei lädt eine Trittplattenachse von der Hausterrasse ausgehend zum Gartenatelier ein. Auf dem Weg dorthin sorgen leichte Veränderungen in der Geländetopografie und in der Wandgestaltung für eine abwechslungsreiche Blickführung. So strukturieren gebaute Pflanzbecken die seitlichen Beetflächen und beleben geschickt die schmalen Pflanzstreifen. Mit ihrer teilweise doppelten Randbreite an der Terrasse eignen sich die holzbeplankten Beckenränder gleich auch als zusätzliche Sitzgelegenheit. Der anthrazitfarbene Wandanstrich der Becken folgt den Rahmungen des Glasanbaus und perfektioniert so die harmonische Gesamtwirkung. Im Bild unten rechts zu sehen: Bergenie (*Bergenia*), Purpurglöckchen (*Heuchera*) und Blauschwingel (*Festuca cinerea* 'Glauca').

Andere robuste Blattstauden für vertikale Gärten

Streifenfarn (*Asplenium trichomanes*)
Japanischer Regenbogenfarn (*Athyrium niponicum* 'Metallicum')
Kaukasusvergissmeinnicht (*Brunnera macrophylla*), Blüte IV–VI, blau
Balkan-Storchschnabel (*Geranium macrorrhizum* 'Spessart'), Blüte V–VII, weiß
Christrose (*Helleborus niger*), Blüte I–III, weiß
Steife Segge (*Carex elata*)
Lanzen-Funkie (*Hosta lancifolia*), Blüte VIII–IX, lavendel

Welcome to the Jungle

Was schöne Pflanzen doch immer wieder bewirken! Und dies vor allem dann, wenn ein eindeutiges Thema dem Gartenraum einen überzeugenden Charakter verleiht. Bei diesem recht entspannten Reihenhausgarten stehen das Japanische Waldgras (*Hakonechloa macra*) und mehrere exotische Baumfarne (*Dicksonia antarctica*) aus dem fernen Tasmanien im Mittelpunkt. Kontrastiert werden sie dabei ganz unbekümmert von formalen Buchsbaumkugeln, die wie lebendige Steine die exotisch anmutende Gartenlandschaft bereichern. Doch Achtung: Baumfarne sind nicht ganz frosthart und benötigen definitiv einen gut windgeschützten Standort. Die Architektur des Gartenraumes prägen recht schlicht bearbeitete Holzplateaus. Durch leicht versetzte Ebenen entstehen unterschiedlich große Pflanzbeete als grüne Schwerpunkte, die den Besucher zur gemütlichen Sitzecke begleiten. Schön gelöst ist der Übergang zu den Bänken, die sogar mit einer schräg angestellten Rückenlehne ausgestattet wurden – sehr bequem! Weil die vordere Einfassungsbank in die Fläche hineinragt, verschmelzen die einzelnen Holzelemente zu einer spannungsvollen Struktur. Die milden Farbtöne der Polster und Kissen harmonieren mit dem naturbelassenen Holz. So ein wenig erinnert die Atmosphäre an eine versteckte Lichtung im Wald der Farne.

Fotos Marianne Majerus   **Design** Tony Woods, UK

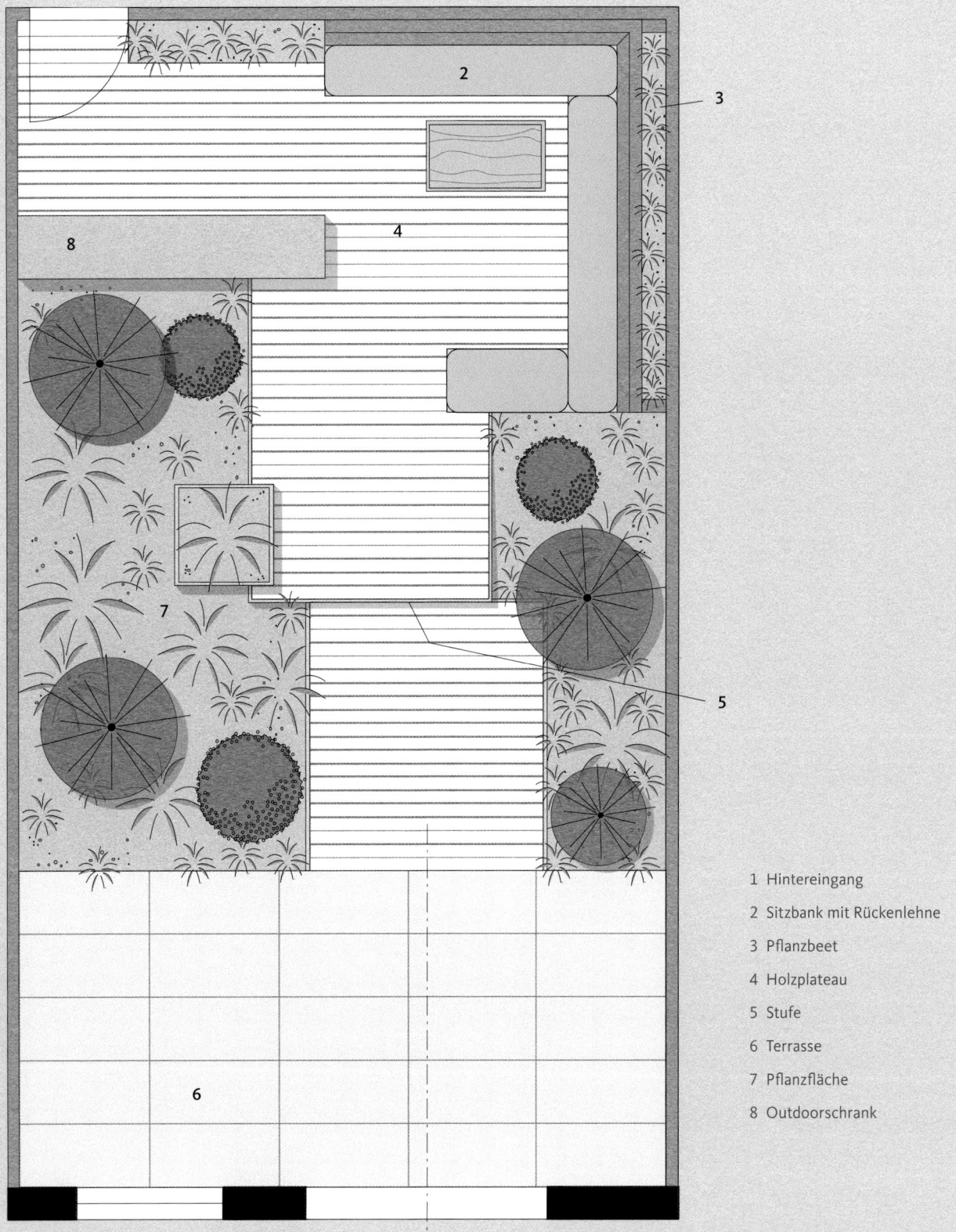

1 Hintereingang
2 Sitzbank mit Rückenlehne
3 Pflanzbeet
4 Holzplateau
5 Stufe
6 Terrasse
7 Pflanzfläche
8 Outdoorschrank

Grün satt Beim Blick aus dem oberen Zimmer wird die gelungene Komposition von Bewegungsraum und Grünfläche deutlich. Schmale Pflanzbereiche eröffnen viel Aufenthaltsfläche. Die größere, zusammenhängende Pflanzzone liefert hingegen die gewünschte vitale Grünwirkung in dem kleinen Garten. Prächtiges Blattwerk und die exotisch anmutende gelbgrün blühende Steppenwolfsmilch (*Euphorbia seguieriana*) können sich hier bestens ausbreiten. Der quer platzierte Outdoorschrank am Gartenkopfende bietet zusätzlichen Stauraum für kleines Gartengerät, staffelt den hinteren Bereich und schirmt die hintere Zugangssituation ab.

 **Andere üppige „Dschungel"-Blattpflanzen**

Tafelblatt (*Astilboides tabularis*)
Wurmfarn (*Dryopteris filix-mas*)
Riesen-Mammutblatt (*Gunnera manicata*)
Blaublatt-Funkie (*Hosta sieboldiana* 'Elegans')
Großes Chinaschilf (*Miscanthus sinensis* 'Silberturm')
Kron-Rhabarber (*Rheum palmatum* var. *tanguticum*)

Deko mit Aroma

Wenn für einen eigenen Kräutergarten zu wenig Platz ist, lässt sich mit Hilfe optisch ansprechender Übertöpfe auch ein duftiger Mittelpunkt auf dem großen Gartentisch zaubern. Zu sehen ist vor dem Lavendel (*Lavandula angustifolia* 'Hidcote Blue') Thymian in zwei unterschiedlich schmeckenden Sorten.
Übrigens: Lavendel behält nur dann sein kompaktes Immergrün, wenn seine Blüten sofort nach der Blühphase ein bis zwei Zentimeter tiefer im grünen Zweig gekappt werden.

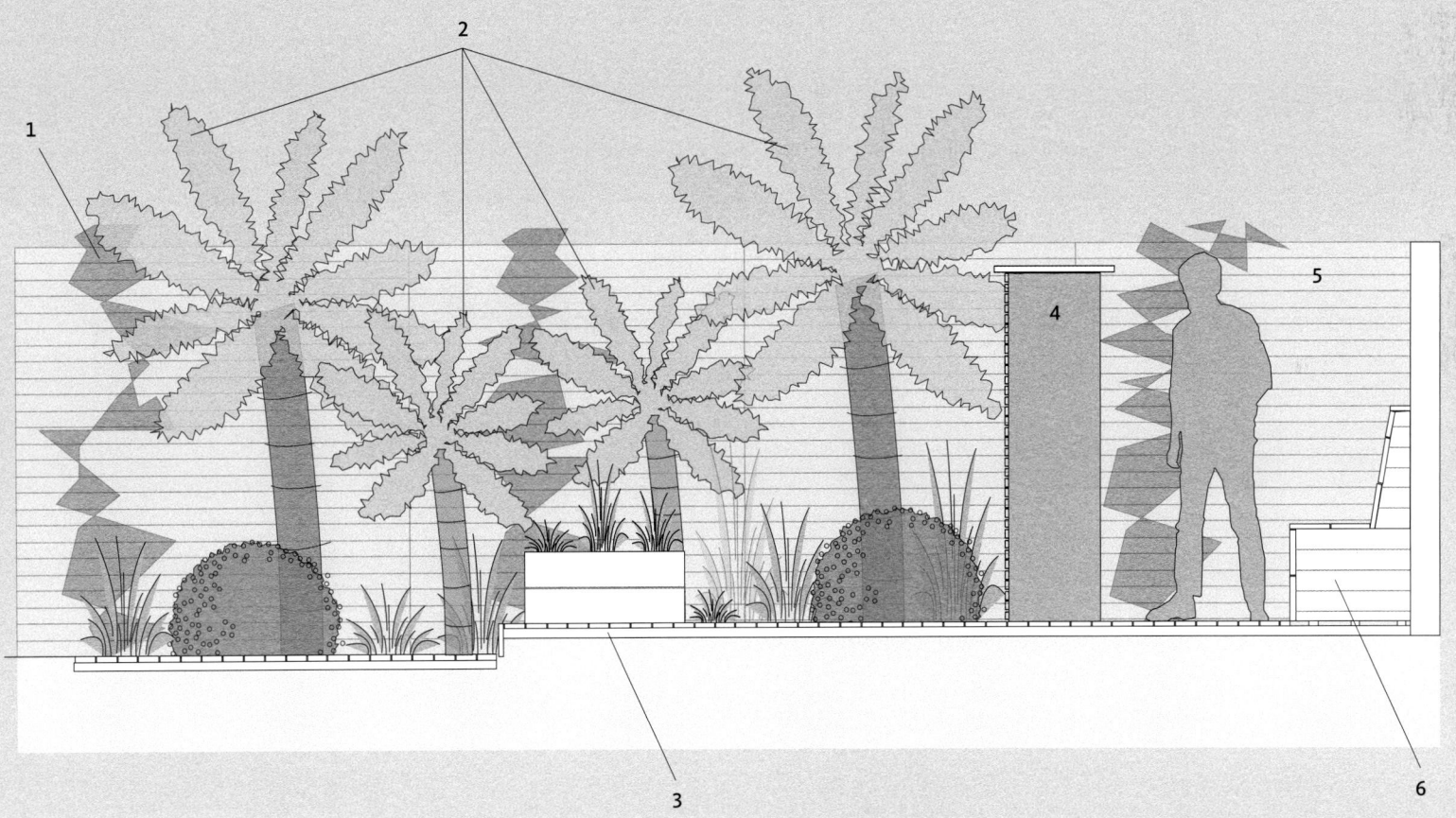

Seitenansicht

1 Rankpflanze
2 Baumfarn
3 gestuftes Holzdeck
4 Outdoorschrank
5 Sichtschutzwand
6 Sitzbank mit Rückenlehne

Komplexe Harmonie
In engen Wohnbebauungen ergeben sich mitunter sehr verschachtelte Grundrisse, die nur wenig gestalterischen Spielraum zulassen. Damit dort ein möglichst ruhiges Gesamtbild entsteht, empfiehlt sich eine eher zurückhaltende Material- und Pflanzenauswahl. In diesem Garten bot sich an den Randbereichen genügend Wurzelraum auch für größere Gehölze. Dem Platzangebot entsprechend wurde zwischen zwei vorhandene Bäume ein ebenfalls grünbelaubter Sichtschutz aus Spaliergehölzen gesetzt, der sich unauffällig in das Randbild einfügt. Schmalkronige Spaliergehölze werden in der Baumschule über viele Jahre speziell aus jungen Trieben aufgezogen und gehören daher zu den aufwendigeren Lösungen. Eibenhecken (*Taxus baccata*) in klarer Kastenform verdecken gleichzeitig zwei Belüftungsschächte. Dass sich unter der Rasenfläche Räumlichkeiten befinden, ist nur noch an der im Boden eingelassenen Glasscheibe als Oberlicht zu erkennen. Ein filigranes Stahlgeländer dient als Absturzsicherung vom Rasenplateau zur unteren Terrasse. Alle Steinflächen, von den Wandverkleidungen über die zentral platzierte Treppenanlage bis zum Bodenbelag, bestehen aus dem gleichen Kalksteinmaterial. Dies verleiht dem Gartenhof zusammen mit den leicht changierenden Grüntönen der formalen Pflanzen eine stilvolle Grundstimmung.

Fotos Marianne Majerus **Design** James Aldridge, UK

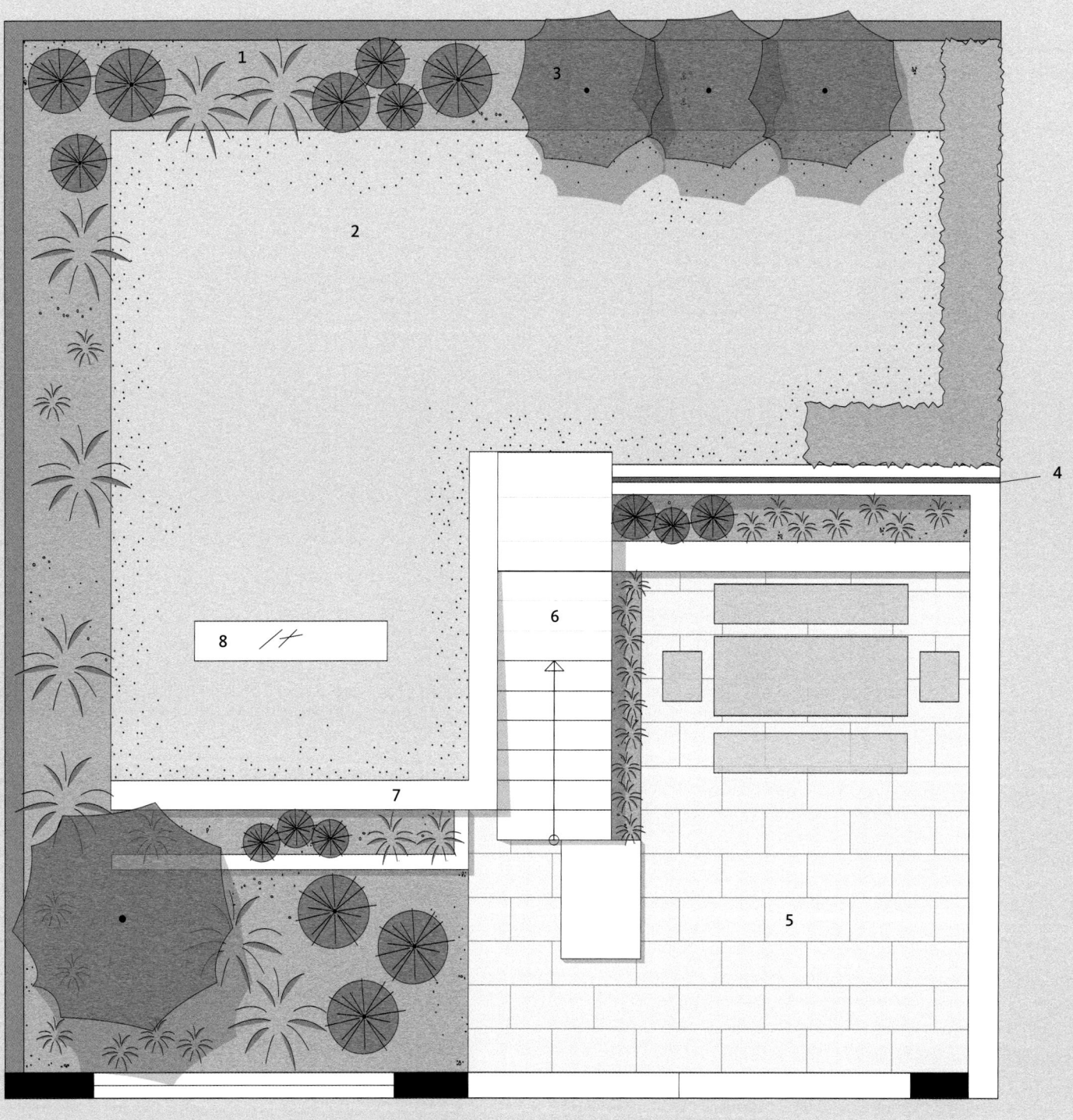

1 Pflanzfläche
2 Rasen
3 Großgehölze
4 Geländer
5 Terrasse
6 Treppe mit Zwischenpodest
7 Stützwand
8 Oberlicht

Treppenanlagen sicher planen Die Treppenanlage setzt sich aus einzelnen Blockstufen zusammen, die sich an ihrer Vorderseite um etwa 2 cm überlagern. In Außenbereichen weisen Treppenstufen gewöhnlich eine fertige Höhe von 15,8 bis 16 cm und eine Auftrittstiefe von 32 cm auf. Beachten Sie immer, dass nicht nur die Belagsflächen, sondern auch jede einzelne Treppenstufe ein Entwässerungsgefälle haben, damit Niederschlagswasser sicher nach vorne abläuft. Stufen werden deshalb um 8 bis 10 mm geneigt eingebaut. Weil sich Stufenhöhen innerhalb einer Treppenanlage nicht ändern dürfen, ist das kaum sichtbare Entwässerungsgefälle bei der Berechnung einer Treppe bereits exakt einzuplanen, sonst fehlen Ihnen später diese wenigen, aber wichtigen Zentimeter.

Treppenanlage mit Entwässerungsgefälle

1 Stufenhöhe
2 Auftrittstiefe
3 Entwässerungsgefälle
4 Schottertragschicht
5 verdichteter Untergrund
6 Betonbettung

Begehbare Glasscheiben

Betretbare Glasscheiben sind aus bruch- und rutschsicherem Glas auszuführen. Um die Verletzungsgefahr bei Glas auszuschließen, wird bei begehbaren Glasflächen das splitterfreie Verbundsicherheitsglas (VSG) verwendet. Es besteht aus zwei oder mehr Glasscheiben, die durch eine zähelastische und reißfeste Folie miteinander verbunden sind. Durch die Folie werden beim Bruch die einzelnen Splitter gebunden. Begehbare Glasscheiben erreichen die Dicke von hochbelastbarem Panzerglas. Ihre glatte Oberfläche kann durch Ätzen, Sandstrahlen oder Schleifen rutschsicher aufgeraut werden.

Ein Geländer als Absturzsicherung

Um ungewollte Abstürze zu vermeiden, schreibt die Bauordnung unter anderem vor, dass ab einer Absturzhöhe von mehr als einem Meter eine stabile Umwehrung vorzusehen ist. Bis zu einer Absturzhöhe von zwölf Metern genügt eine Umwehrung von mindestens neunzig Zentimetern Höhe. Geländer müssen dabei so ausgelegt sein, dass Kleinkindern das Überklettern erschwert wird und sie auch nicht durch die Gitterstäbe hindurchgelangen.

Unter grünen Sonnenschirmen Die große Kunst der minimalistisch geprägten Moderne liegt in der architektonischen Reduktion auf das Wesentliche. Die Herausforderung ist es dabei, nicht lediglich eine unpersönliche Leere zu produzieren. In der Gartenplanung bedeutet es, unter freiem Himmel und bei oftmals nur unklaren Raumbezügen den Gestaltungsinhalten ihren angemessenen Wirkungsraum zu erschaffen. Großzügigkeit in der Flächenaufteilung heißt eine der empfehlenswerten Maßnahmen; allerdings ist es genauso wichtig, auch für ein wahrnehmbares Raumgefühl zu sorgen. Auf dieser von mir geplanten modernen Südterrasse bildet eine Gruppe von Dach-Amberbäumen (*Liquidambar styraciflua*) einen luftigen Baldachin, dessen Schatten im Tagesverlauf reizvolle Strukturen auf das Holzdeck zeichnet. Ein großformatiger Natursteinplattenbelag aus braungrauer bergischer Grauwacke markiert dort den Sitzbereich. Ein Pflanzbeet entlang der Hausfassade belebt den Übergang zwischen Terrasse und Hauswand. Lampenputzergras (*Pennisetum alopecuroides* 'Hameln') und Zierlauch (*Allium* 'Early Emperor') bilden hier einen lockeren Rhythmus. Im Herbst überraschen die dachförmig gezogenen Bäume mit einem lebhaften Laubfeuerwerk.

Foto Manuel Sauer **Design** Manuel Sauer, D

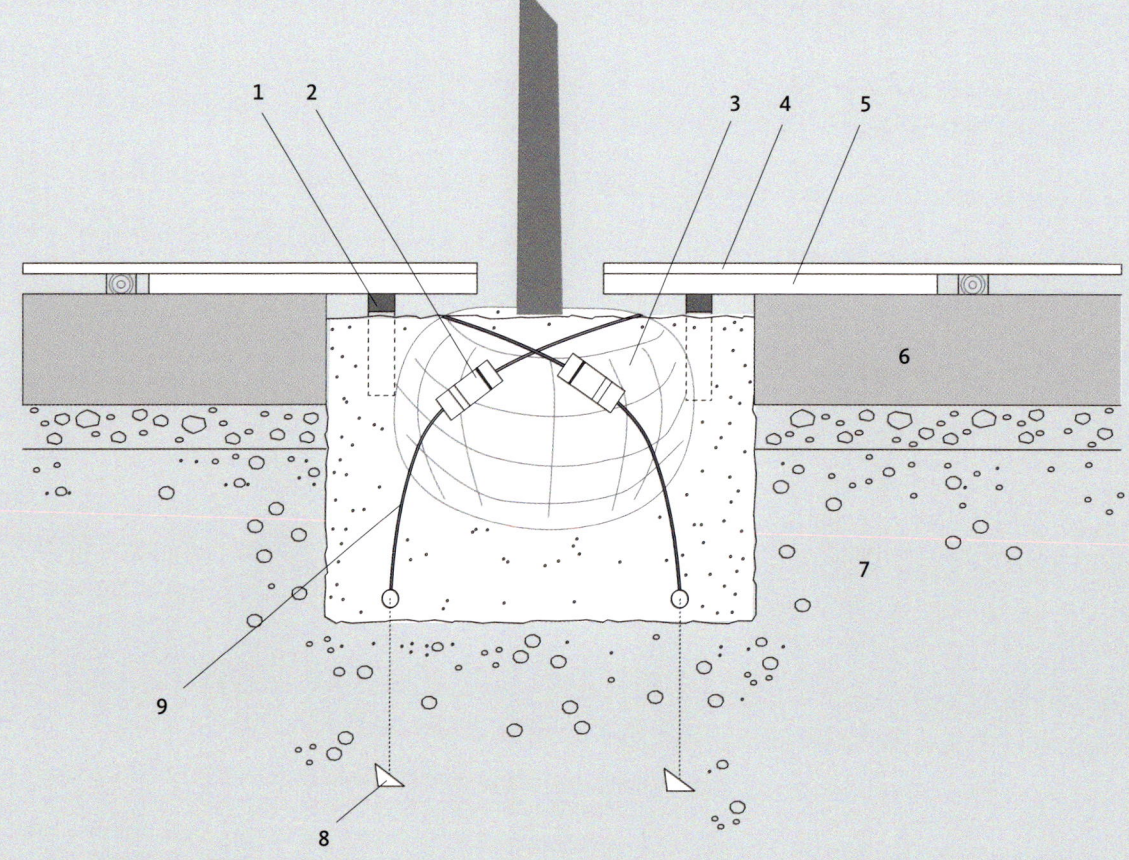

Baumpflanzgrube unter einem Holzdeck

1 Stützkonstruktion
2 Seilspanner
3 Wurzelballen
4 Holzdiele
5 Unterkonstruktion
6 Betonkantenstein
7 verdichteter Untergrund
8 Bodenanker
9 Stahlseil

 Unterflurverankerung

Damit an neu gepflanzten Gehölzen keine wuchtigen Verankerungspfähle das Bild stören, können die Bäume mittels Unterflurverankerungen gegen Windböen gesichert werden. Hier werden dünne Stahlseile über den gepflanzten Wurzelballen gelegt und mit einem Stahlanker tief in den unteren, gewachsenen Boden getrieben. Mittels einer Ratsche erhalten die Seile ihre notwendige Spannung und pressen so den Ballen fest auf den Boden.

Dachförmige Kleinbäume für den Hausgarten

Dach-Amberbaum (*Liquidambar styraciflua*), Herbstlaub feuerrot; siehe Fotos Seite 38–39, 41
Fächerblattbaum (*Ginkgo biloba* 'Pendula'), Herbstlaub strahlendgelb
Feldahorn (*Acer campestre*), Herbstlaub goldgelb
Sumpf-Eiche (*Quercus palustris*), Herbstlaub dunkelrot
Zierapfel (*Malus* 'Golden Hornet'), Herbstlaub orange-gelb

Fein aufgereiht   Mit großem handwerklichen Geschick wurden die Plattenfugen und die entsprechenden Längsfugen des Holzdecks deckungsgleich auf eine Linie gebracht, was eine wunderschöne Grafik im Boden erzeugt. Jeder Baum erhielt zwei kleine Bodeneinbaustrahler zugeordnet, welche die Kronen möglichst gleichmäßig ausleuchten. Um Verunkrautungen vorzubeugen, führt das Holzdeck möglichst nahe an die Stämme heran. Damit dies auch wurzelschonend gelang, war eine stabile, über den Wurzelballen frei schwebende Unterkonstruktion zu erstellen.

Fein ausbalanciert Wenn sie mit einer außergewöhnlichen Form oder Farbgebung ausgestattet sind, können sich auch einzelne Möbel durchaus als prägendes Gestaltungselement hervortun. Damit ergeben sich insbesondere für kleine Gartenräume interessante Optionen. Dieser Esstisch ragt als Schwebebalken aus der Einfassungsmauer in die Terrasse hinein. Zentral platziert, wird er so zum eigenwilligen Blickfang. In diesem, von besonders hohen Wänden umgebenen, Garten stellt der Tisch zusätzlich noch einen Bezug zu den weiter oben aus den Wänden hervorstehenden Stegleuchten her, die den mediterranen Gartenraum abends in mildes Licht tauchen. Die ungewöhnliche Bauweise des Tischs ist eine statische Herausforderung und nur für erfahrene Könner geeignet. Der Raumaufbau um den Sitzplatz ist hingegen für verschiedene Gestaltungssituationen ein Vorbild. Durch die konsequente Unterteilung in einen höher liegenden Pflanzbereich und eine großzügige Terrassenfläche davor ergibt sich ausreichend Platz für eine weitläufige Lounge um den markanten Tisch herum. Die exotisch wirkende Vegetation im Hochbeet unterstreicht die eigenwillige Architektur und bietet ein starkes grünes Gegengewicht zur wuchtigen Steinoptik des Gartenbereichs.

Fotos Marcus Harpur   **Design** Jason Hodges, AUS

Steine und Pflanzenverwendung in mediterranen Gärten

Die Wandgestaltung mit südeuropäischem Kalkgestein besteht nicht aus Vollmauersteinen. Bei dem cremefarbenen Material handelt es sich um relativ dünne Verblenderplatten mit einer sogenannten „bruchrauen" Oberfläche. Sie wurden mit einem speziellen Mörtel auf die Rohbaumauer aufgeklebt und sorgfältig verfugt. Helles Gestein ist pflegeaufwendiger und besonderes empfindlich gegen Feuchtigkeitsflecken durch aufsteigende Bodenfeuchtigkeit. Grundsätzlich aber sollten Wandverblender nicht nach unten in das feuchte Erdreich hineinführen, sondern mit einigen Zentimetern Abstand zum Boden enden. Mediterrane Pflanzen verlangen meist durchlässige Substrate, damit im Winter möglichst keine Bodennässe die empfindlichen Wurzeln schädigt.

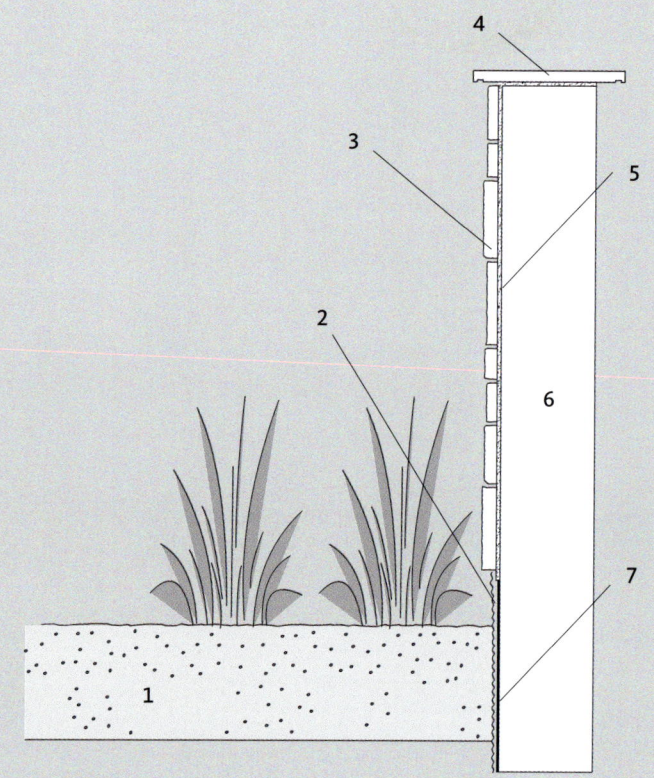

Wandverblendung mit Natursteinplatten

1 Pflanzsubstrat
2 Noppenfolie
3 Natursteinverblender
4 Abdeckplatte
5 Dünnbettmörtel
6 Mauerkern
7 Bitumenschwarzanstrich

Aromatisches Grün für südliche Stimmungen

Kleine Blauraute (*Perovskia atriplicifolia* 'Little Spire'), Blüte VIII–IX, lavendelblau

Weinraute (*Ruta graveolens* 'Jackman's Blue'), Blüte VI–VII, gelb

Purpur-Salbei (*Salvia officinalis* 'Purpurascens'), Blüte VI–VII, violettblau

Griechischer Bergtee (*Sideritis syriaca*), Blüte VI–VIII, gelb

Zitronen-Thymian (*Thymus serpyllum* 'Lemon Curd'), Blüte VI–VIII, rosa

Mönchspfeffer (*Vitex agnus-castus*), Blüte VIII–IX, blau

Lavendel (*Lavandula angustifolia* 'Hidcote Blue'), Blüte VII–VIII, blau

Edles Kaminzimmer Gartenräume mit Kamin haben es recht leicht, sich beliebt zu machen, denn ein knisterndes Holzfeuer ist natürlich immer der Behaglichkeits-Renner schlechthin. So wurde auch in diesem kleinen Stadtgarten dem Aufenthaltsbereich vor dem Kamin besonders viel Platz eingeräumt. Eine in die seitliche Gartenstufung integrierte Sitzbank und gegenüber sogar eine gemütliche Chaiselongue erlauben hier im Sommer sicher mehr als nur ein kurzes Nickerchen im Freien. Doch die Feueräshetik hat auch eine Schattenseite, nämlich dann, wenn die Flammen erloschen sind. Tagsüber können Kamine schnell unansehnlich wirken, wenn sich statt dem gemütlichen Lagerfeuer nur eine düstere Räucherhöhle zeigt. Umso interessanter ist daher dieser Kamin, denn er bindet nicht nur den für die Rauchsogwirkung immer erforderlichen Schornstein geschickt ein, sondern präsentiert sich in einer gelungenen Gesamtarchitektur. Mit ihrem schlichten, geradlinigen Aufbau aus einem feinen Glattputz und dem offen geformten Dachabschluss strahlt diese Feuerstelle fast eine elegante Erhabenheit aus. Die filigrane Lattenwand, begleitet von schmalen Spalierbäumchen, bildet einen wohlgeordneten Hintergrund dazu. Vorne verbinden sich Mittelmeer-Wolfsmilch (*Euphorbia characias*) und weißblühender Zier-Lauch (*Allium nigrum*) zu einer lebendigen Einheit.

Fotos Marianne Majerus **Design** Charlotte Rowe, UK

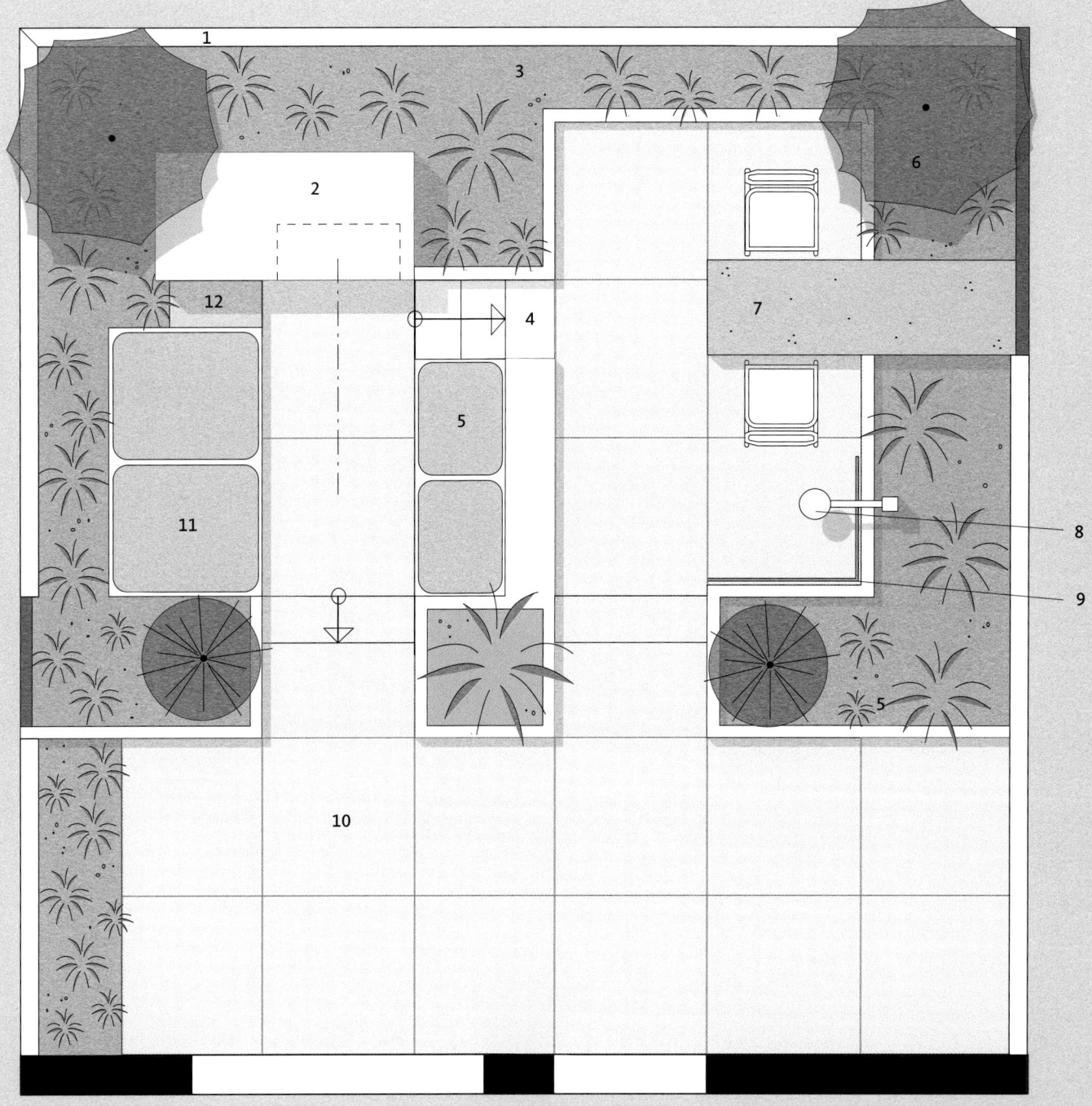

1 Lattenwand	5 Sitzbank	9 Entwässerungsrinne
2 Kamin	6 Spaliergehölz	10 Plattenbelag
3 Pflanzfläche	7 Frühstückstheke	11 Chaiselongue
4 Treppe	8 Dusche	12 Abstellfläche

Beton in Sicht   Durch den dreistufigen Höhenversatz bilden sich in der Gartenfläche zwei unterschiedlich gelagerte Bereiche heraus. Sie lassen den tiefer liegenden Kaminplatz noch eindeutiger zu einem abgetrennten, privaten Bereich werden. Der zweite, höher angelegte Gartenbereich wird von einer formschönen Sitztheke geprägt, die den Wunsch des Bauherrn nach einem gemütlichen Außen-Essbereich für zwei Personen erfüllt. Hier bestimmt ein anderes charaktervolles Material den Raum – Beton. Sichtbeton, also eine durch eine bestimmte Schalungstechnik erzielte Oberflächenoptik, ist schon lange nicht mehr nur der rohe Baustoff für alles, was schwere Lasten auszuhalten hat. Inzwischen hat sich ein ganzer Markt für Alltagsprodukte aller Art gebildet, die wir eigentlich schon lange kennen – nur eben nicht aus Beton. Besonders reizvoll zeigen sich dabei natürlich moderne Designmöbel mit einer möglichst leicht wirkenden Anmut wie diese aus drei Einzelplatten zusammengestellte Frühstückstheke.

 **Sichtbetonmöbel pflegen**

Je feiner eine Sichtbetonfläche geschaffen ist, desto leichter lässt sie sich von Verschmutzungen, zum Beispiel durch eindringenden Staub, wieder befreien. Ein Feinschliff oder eine spezielle Politur sorgen bereits grundsätzlich für eine relativ dichte Oberfläche. Im Außenbereich empfiehlt sich allerdings ergänzend die Versiegelung des Materials mit einem speziellen Beton-Öl. Testen Sie die Wirkung des Mittels aber immer zuvor an einer unauffälligen Stelle, damit Sie keine böse Überraschung durch unerwünschte Farbveränderungen erleben.

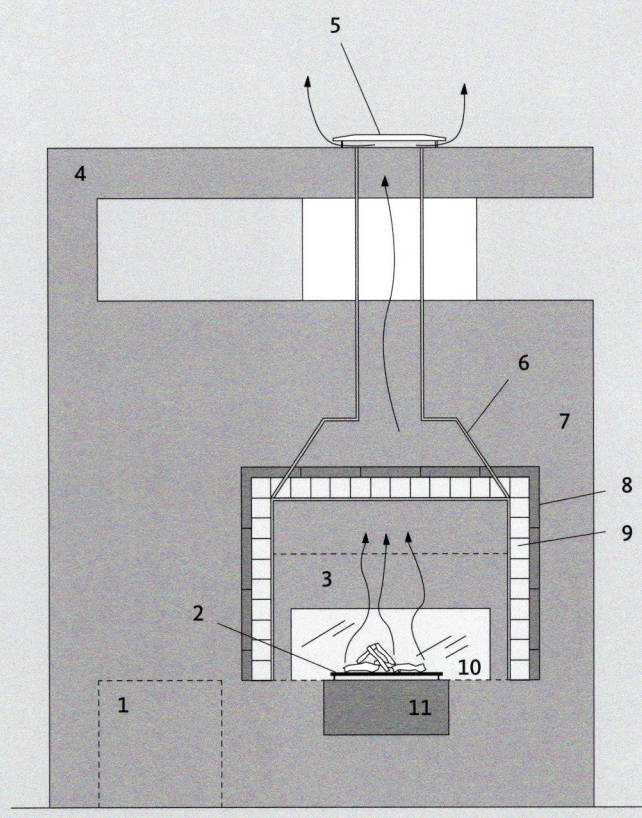

Funktionsprinzip eines Grillkamins

1 Abstellfläche
2 Grillrost
3 Feuerraum
4 Dachabschluss
5 Schornstein
6 Rauchsammler
7 Glattputz
8 Wärmedämmplatte
9 Schamottgestein
10 Funkenschutz
11 Aschekasten

 **Dezenter Schimmer**

Hier zeigt sich sehr erhellend, wie viel Licht ein Garten wirklich benötigt. Wenn Sie die Intensität der Kerzenflammen und des Lagerfeuers mit dem umgebenden Kunstlicht vergleichen, können Sie gut erkennen, dass der Helligkeitsunterschied der einzelnen Lichtquellen gar nicht so groß ist. Stimmungsvolle Gartenräume benötigen im Gesamtbild oft nicht mehr als eine warme Kerzenlicht-Atmosphäre.

Raum-Kunst Ist es nicht eigenartig? Im Prinzip ist in diesem aufgeräumten Gartenhof gar nicht so viel zu sehen. Doch zieht er nicht irgendwie auch Ihre Aufmerksamkeit an? Eines seiner Wirkungs-Geheimnisse liegt sicher in der klaren Symmetrie begründet, die bei der Gestaltung aller Bereiche beachtet wurde. Auch das ruhige Fugenbild des Plattenbelags baut sich von der zentralen Mittelachse aus auf und weist auf den hinteren Gartenbereich. Ebenfalls geleiten die Fugen des Klinkermauerwerks der seitlichen Beeteinfassungen zum Kopfende des Außenraumes, wo eine filigran zwischen das Gemäuer eingespannte Holzbank einlädt. Doch alles richtet sich natürlich auf den zentralen Blickfang, ein stattliches Kunstobjekt aus Cor-Ten-Stahl, das eine würdevolle Ruhe verbreitet. Sehr elegant wirkt die feine Farbkomposition der sanften, braun-roten Naturtöne von Stahl, Klinker und Holz. Der wirklich köstlich duftende immergrüne Sternjasmin (*Trachelospermum jasminoides*) umrankt die Gartenmauern und begleitet den eher zurückhaltend bepflanzten grünen Saum, in dem unter anderem der wintergrüne Filigran-Farn (*Polystichum setiferum* 'Herrenhausen') einen Platz gefunden hat. Doch Achtung: Der etwas frostempfindliche Sternjasmin benötigt einen milden, windgeschützten Standort.

Fotos Marianne Majerus **Design** Stuart Craine, UK **Skulptur** Max Woodruff, UK

 **Stahl für Kunst**

Cor-Ten-Stahl wird von bildenden Künstlern gerne für Skulpturen verwendet, weil das Material zwar eine feine, rotbraune Rostpatina entwickelt, dann aber nicht weiter durchrostet. Insbesondere seine warme, orangerote Anmutung bei abendlicher Beleuchtung macht es dann zu einem kraftvollen Highlight im Gartenraum.

Kunst und Licht

Bei der Beleuchtung von Kunstobjekten sollten Sie darauf achten, dass die Lichtquelle nicht zu nahe am Objekt steht und es nicht mit zu steilem Winkel angestrahlt wird. Die Strukturen könnten durch den scharfen Schattenwurf zu stark verzerrt wirken. Entscheiden Sie sich besser für zwei weiter entfernt platzierte Leuchten. Diese sind allerdings sehr frühzeitig einzuplanen, wenn sie beispielsweise als Einbauleuchten in einem Bodenbelag untergebracht werden sollen. Auch die Wahl der Lichtfarbe und die Intensität der einzelnen Strahler ist bei Kunstobjekten wie bei Pflanzen ein sensibles Thema. Daher empfiehlt sich eine Probebeleuchtung mit unterschiedlichen Leuchtentypen. Weniger ist hier oft entscheidend mehr.

Noble Jägerhütte Ob Sie einen großen Garten oder eine schmale Dachterrasse gestalten, wirkungsvolle Blickziele sind die entscheidende Grundlage für jeden gelungenen Raumaufbau. Gerade in kleineren Außenbereichen lohnt es sich, einen markanten Blickfang zu kreieren, hinter dem sich die übrige Gestaltung dann gerne auch etwas zurücknehmen kann, um unnötige Konkurrenzen zu vermeiden. Im Fokus steht hier ein schlanker Holzkamin mit einem hoch aufsteigenden Schlot in vorschriftsmäßiger Länge. Das besonders schmale Format erlaubt es, den Kamin auf beiden Seiten noch mit zwei robusten Weidenblättrigen Birnen (*Pyrus salicifolia*, Blüte V, weiß) einzufassen. Diese Birnenart gilt als interessante Alternative zu den frostempfindlichen Olivenbäumen. Wie in einem traditionellen Kaminzimmer wacht dabei ganz klassisch ein Hirschgeweih über die wärmende Glut. Das bleiche Gehörn entpuppt sich allerdings nur als eine moderne Deko-Replika und ist einem aktuellen Designtrend zuzuordnen, der sich altbekannte Gegenstände zum Gestaltungsvorbild nimmt. Damit unterstreicht das hippe Wohnaccessoire den modernen Stil dieser Londoner Terrasse und verleiht ihr eine unkonventionelle Ausprägung.

Fotos Marianne Majerus   **Design** Charlotte Rowe, UK

Sichere Außenleuchten

Hitze, Frost und Regen strapazieren die Dichtungen von Außenleuchten erheblich. Deshalb lohnt es sich, hier auf eine insgesamt gute Materialqualität zu achten. Wandleuchten sollten daher mindestens die Elektro-Schutzart „IP 64" erfüllen. Bodeneinbauleuchten sind noch stärker dem Wasser ausgesetzt und sollten deswegen die höhere Schutzart „IP 68" gewährleisten.

Stimmung durch Licht und Farbe   Im Kontrast zur Wandverblendung aus einer Lärchenholz-Lattung erhielt das übrige Mobiliar, bestehend aus sichtschützenden Pflanzkübeln und den Sitzgelegenheiten, eine warme, dunkelgraue Lackierung. Die Farbe entspricht dem Ton der Fenster- und Türrahmung und schafft so eine starke Verbindung unter den Einbauten. Eine pfiffige Idee stellen die Sitzwürfel dar. Wenn sie nicht benötigt werden, lassen sie sich platzsparend einfach unter die Sitzbank schieben und tragen selbst dort noch zu einem formschönen Gesamtbild bei. Vorbildlich gelöst ist die Beleuchtung. Geschickt inszeniert sie die Highlights, ohne aufdringlich zu erscheinen. Durch die Platzierung weniger Leuchten hinten an der Rückwand, aber auch im Boden vor dem Kamin, wird auf der kleinen Fläche eine gehörige Tiefenstaffelung erzielt. Natürlich bekommt ebenfalls der tierische Wandschmuck sein Licht ab. Ein Wandspot von der gegenüberliegenden Seite macht auch abends klar, wer hier den Platz bestimmt.

Lounge im Karree
Bei dieser einladenden Sitzecke mit Ausblick auf Londons neue Glasarchitektur ist Holzbau in einer besonders filigranen Variante zu besichtigen. Eine feine Lattenverblendung erwächst Latte für Latte passgenau aus der seitlichen Sichtschutzwand und formiert sich zu einer kompakten, aber leicht wirkenden Sitzlandschaft. Schauen Sie auch rechts auf die Seitenwand. Bis auf die Brüstungshöhe verläuft die Wandverblendung aus schmalen Holzleisten in deutlich engeren Abständen als oberhalb der Brüstung. Der Effekt ist deutlich: Zwar bleibt die Holzverblendung als durchgehende Wand eine Einheit, doch erlaubt sie oberhalb der Brüstung mehr Durchblick auf das Stadtpanorama. Das gepolsterte Sitzkarree übernimmt das Design. Hinter den unsichtbar befestigten Latten der Verblendungen wurde ein schwarzes Fassadenvlies gespannt. Der durch die Leistenabstände gut erkennbare dunkele Hintergrund unterstreicht die kontraststarke Grafik der Lattung. Ein anderes interessantes Detail findet sich am Übergang der Bank zum Pflanzbeet. Hier läuft die steinerne Abdeckplatte des weiß verputzten Gehölzkübels höhengleich weiter auf die Armlehne der Bank hinaus und verbindet so auch diese beiden, materiell ganz unterschiedlichen, Elemente zu einer Einheit.

Fotos Marianne Majerus **Design** Charlotte Rowe, UK

 **Andere sturmerprobte Charakterbäume für das Dach**

Weißdorn (*Crataegus crus-gallii*)
Sanddorn (*Hippophae rhamnoides*)
Stechpalme (*Ilex aquifolium*)
Maulbeerbaum (*Morus alba*)
Kopfweide (*Salix alba*)

Konsequente Formsprache

Auch an der Bepflanzung geht der kubische Grundton der Gestaltung nicht vorbei. Immergrüne, würfelförmige Gehölze bilden die Eckpunkte der Lounge, und der mit drei Weidenblättrigen Birnen (*Pyrus salicifolia*, Blüte V, weiß) rhythmisch bepflanzte Querriegel zeigt ebenfalls eine klare, formale Haltung. Achten Sie bei der Auswahl von Dachpflanzen in höheren Etagen immer auf eine sehr gute Windverträglichkeit.

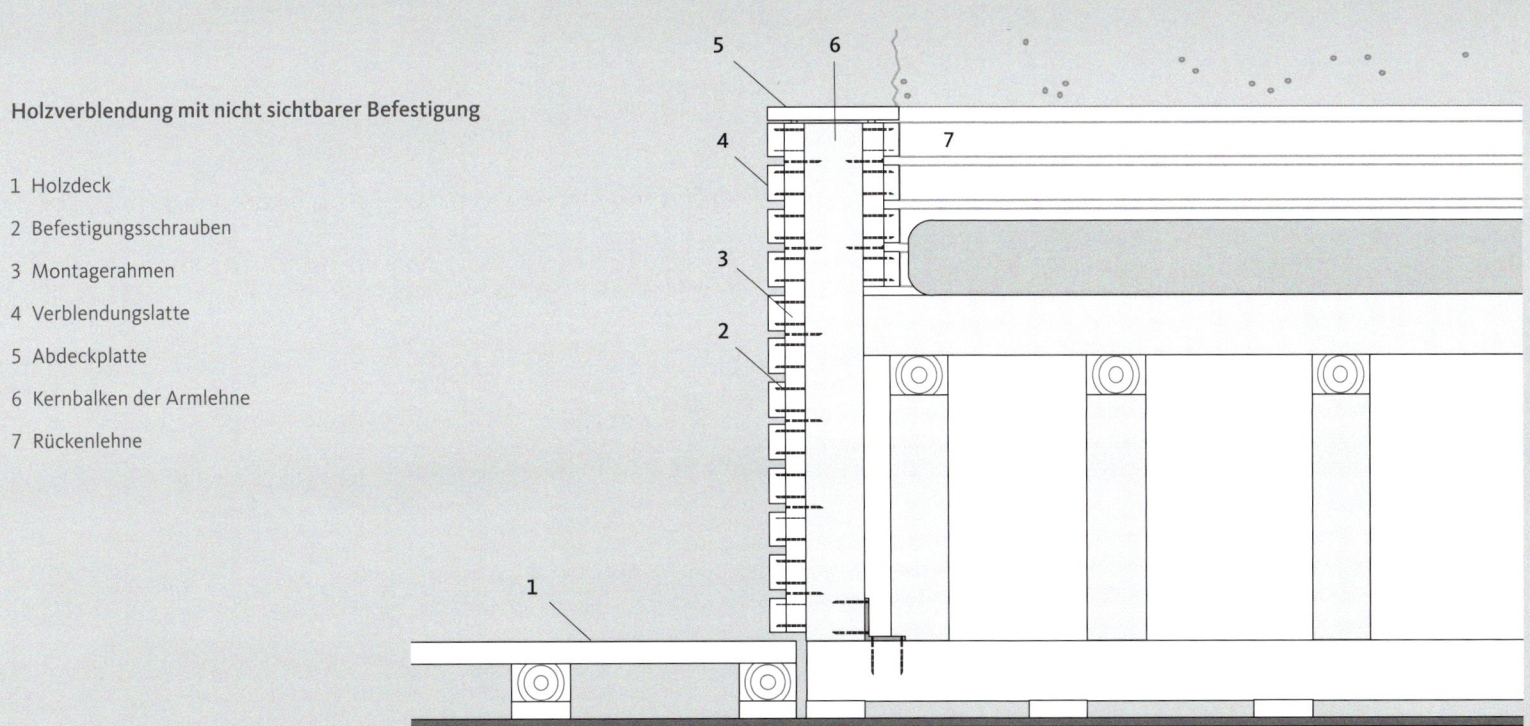

Holzverblendung mit nicht sichtbarer Befestigung

1 Holzdeck
2 Befestigungsschrauben
3 Montagerahmen
4 Verblendungslatte
5 Abdeckplatte
6 Kernbalken der Armlehne
7 Rückenlehne

Freizeitspaß auf allen Ebenen
Vorhandene Höhenunterschiede bieten oft eine natürliche Gelegenheit, verschiedene Areale eines Gartens auf mehrere Geländeniveaus zu verteilen. Dabei empfiehlt es sich, die unterschiedlich hohen Gartenabschnitte entweder als klar voneinander getrennte Bereiche oder gezielt als zusammenhängenden Gesamtraum zu planen. Separierte Zonen bieten in der Regel mehr Gestaltungsmöglichkeiten für Schutz und Intimität, weiträumige Lösungen erlauben hingegen mehr Großzügigkeit. Dieser Garten geht mit der lang gestreckten Treppenanlage konsequent den letzteren Weg, indem die Höhenstufung über nahezu die gesamte Gartenbreite verläuft und die Geländetopografie damit gestalterisch optimal genutzt wird. Achten Sie in Ihrem eigenen Gartenprojekt aber darauf, dass auch das seitliche Nachbargelände die Höhenunterschiede zulässt und Sie alle Bebauungsvorschriften befolgen. Inhaltlich ist der Garten ganz auf Freizeitgenuss ausgelegt. Die untere Terrasse am Haus beherbergt gemütliche Sitzabteile, die ein gemeinsames Dinner wie auch die entspannte Plauderei danach auf der wetterfesten Lounge ermöglichen. Auf dem oberen Gartenplateau bietet ein geräumiges Saunahaus alles, was der Fitnessfan braucht. Weiter hinten lockt blickgeschützt ein eleganter Bade-Pool. Es lohnt sich also, den Garten in seiner ganzen Tiefe zu erkunden.

Fotos Marianne Majerus **Design** Charlotte Rowe, UK

Einfriedungshöhen an der Gartengrenze

Einfriedungen wie Zäune, Mauern oder Hecken dürfen gemäß dem Nachbarschaftsrecht an der Grenze zum Nachbarn in der Regel maximal zwei Meter Höhe erreichen. Kleinbäume müssen einen Mindestabstand von zwei Metern zur Grenze einhalten. Die Vorschriften variieren jedoch in den einzelnen Bundesländern. Zudem können – insbesondere in Neubausiedlungen – andere Sonderbestimmungen gelten.

 **Ziergehölze als Spalierbäume**

Zierapfel (*Malus* 'Red Sentinel')
Glanzmispel (*Photinia* × *fraseri* 'Red Robin')
Chinesische Birne (*Pyrus calleryana* 'Chanticleer')
Winter-Linde (*Tilia cordata*)

Design am Rande Die an den Gartenseiten installierten Sitzblöcke aus demselben Kalkstein der Bodenbeläge und mit der identischen Sitzpolsterung der Terrasse unterstreichen den Gartenstil und stellen eine weitere Einladung zum Durchwandeln des Gartens dar. Solche Sitzmöglichkeiten sind in einem Garten immer gerne genutzte „Rastplätze" und schenken der Umrandung zusätzliche Struktur. Für die Garteneinfriedung wurde eine Holzlattenwand in einem kräftig-warmen Farbton gewählt. Im hinteren Gartenabschnitt erreicht sie eine Höhe, die sicher nur mit verbindlicher Zustimmung der Nachbarn möglich war. Die davor gepflanzten Spalierbäume mildern die Dominanz der hohen Sichtschutzwand ab und verleihen dem Poolbereich ein eigenständiges, etwas behaglicheres Antlitz.

Kleiner Stadt-Park Wenn möglichst großzügige Lounge-Sitzgruppen gewünscht sind, kann die Fläche einer kleineren Gartenecke mitunter schnell gefüllt sein. Um dann noch einen wirkungsvollen grünen Hintergrund für Stauden und Gräser zu schaffen, empfehlen sich Hochbeete, welche die Pflanzung gut sichtbar erst oberhalb der Rückenlehnen beginnen lassen. Viel Wurzelraum steht dann allerdings selten zur Verfügung. Daher sollten gezielt Pflanzen ausgewählt werden, die für trockene Standorte besonders gut geeignet sind. Ergänzend dazu könnte eine künstliche Tropfbewässerung hilfreich sein. Zu sehen ist in diesem eleganten urbanen Stufengarten eine gelungene Kombination aus Randbeeten und Einzelkübeln, die im Sitzbereich sogar eine geometrische Anordnung von Kleinbäumen aufnehmen konnten. Der zentrale Baumkübel wurde aufgemauert, verputzt und mit einer Natursteinplatte abgedeckt, die dem Bodenbelag entspricht. Der Kübel bietet außerdem noch einen speziell ausgearbeiteten Sockel, aus dem eine umlaufende LED-Lichtleiste für eine stimmungsvolle, indirekte Bodenbeleuchtung sorgt. Zusätzliche Erdspießstrahler akzentuieren die dachförmigen Platanen (*Platanus* × *acerifolia*).

Fotos Clive Nichols **Design** Stephen Woodhams, UK

ⓘ Was ist LED?

„LED" steht für relative kleine Leuchtdioden, die mit ungefährlichem 12-Volt-Schwachstrom versorgt werden. Sie eignen sich daher besonders gut im Außenbereich und unter Wasser. Ihre Haltbarkeit liegt ein Mehrfaches über dem normaler Halogen-Leuchten, was den höheren Preis der LEDs rechtfertigen kann. Bei der Verwendung von LED-Technik als Gartenbeleuchtung sollte deren Lichtwirkung im Einzelfall immer vor Ort getestet werden, weil viele Leuchten (immer noch) ein kaltes Licht abgeben. Denken Sie darüber hinaus an die geschützte Unterbringung des Trafos, der eine LED-Leuchte versorgt.

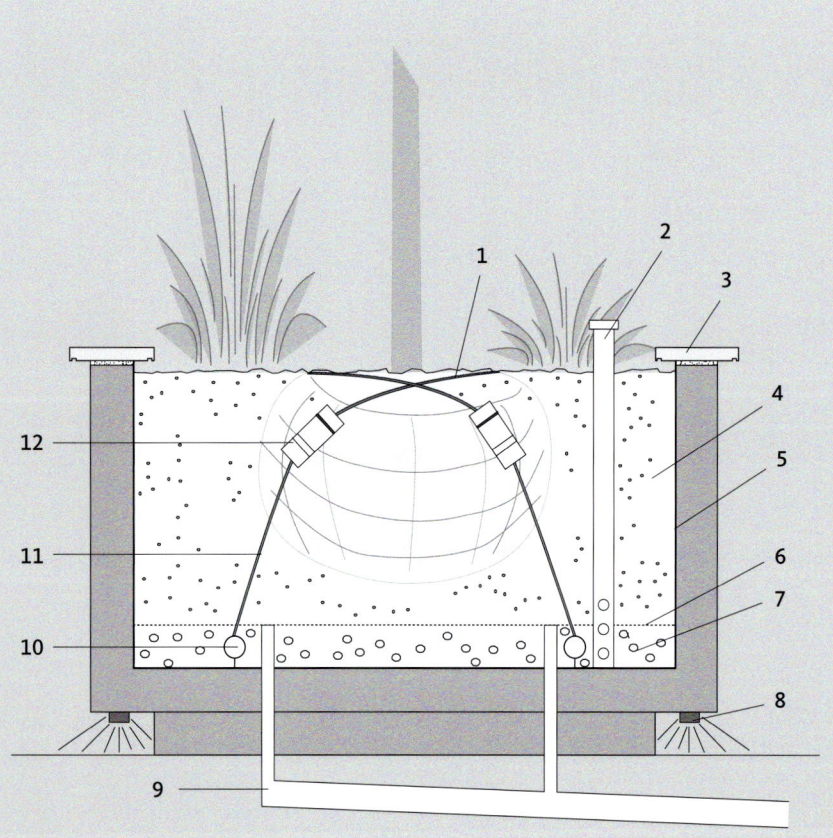

Pflanzkübel für Bäume (mit Sockelunterleuchtung)

1 Wurzelballen
2 Wasserstandskontrolle
3 Abdeckplatte
4 Pflanzsubstrat
5 Isolieranstrich
6 Geotextil
7 Anstau-Bereich (Kies)
8 LED-Lichtleiste
9 Wasserablauf
10 Unterflurverankerung
11 Stahlseil
12 Seilspanner

Bäume im Topf Damit größere Gehölze sich in Kübeln gesund entwickeln können, benötigen sie einen gewissen Mindest-Wurzelraum, der jedoch regelmäßig zusätzlich mit Gießwasser und Dünger zu versorgen ist. Weil auch zu viel Wasser schädlich wäre, sollte es in jedem Kübel einen Abfluss für Überschusswasser nach unten geben sowie eine Kontrollmöglichkeit des Wasserstandes. So kann die gefährliche Staunässe verhindert werden. Ein etwa zehn Zentimeter starker Anstaubereich am Kübelboden puffert dabei ein eventuell zu schnelles Austrocknen des Bodens ab. Bäume und Großsträucher sind zudem immer gegen Sturm und plötzliche Windböen zu stützen. Eine Unterflurverankerung könnte bei ausreichend stabilen Kübeln am Boden befestigt werden.

Natur im Blick Mitunter liegen Gärten auch direkt an der Schnittstelle zur freien Natur. Der hier gezeigte formale Garten wurde ohne eine besondere optische Abgrenzung zur offenen Landschaft errichtet. Stattdessen wird mit einem ebenfalls formalen Gestaltungselement, dem zentralen Gartentisch, die Verbindung zwischen den beiden Bereichen aufgebaut. Als kunstvolles Objekt, das im Terrassenbereich einen flach ausgebildeten Loungetisch darstellt, verwandelt sich dieser in den Rasen hineinragend in einen massiven Quader. Als Richtungsweiser zeigt die schwarze Metallplastik über den gepflegten Rasen hinweg geradewegs in die Landschaft hinaus und unterstreicht so die Hauptattraktion des Gartens: die freie Natur dahinter. Ein präzise gearbeitetes Wasserbecken spiegelt den Himmel auf die Tischebene. Wie eine glatt gespannte Folie hebt sich der Wasserspiegel von der Tischfläche ab. Der Effekt entsteht durch die präzise gearbeiteten Kanten des in den Tisch eingelassenen Beckens. Das Wasser tritt über die Ränder und ergießt sich in einen unterirdischen Pumpenschacht, von dem es wieder von unten in das Becken zurückgedrückt wird. Der akkurat kurz geschnittene Rasenteppich vor der Terrasse betont den gewünschten Kontrast zu der ungebändigten Landschaft.

Fotos Modeste Herwig   **Design** Puur Groenprojecten, NL

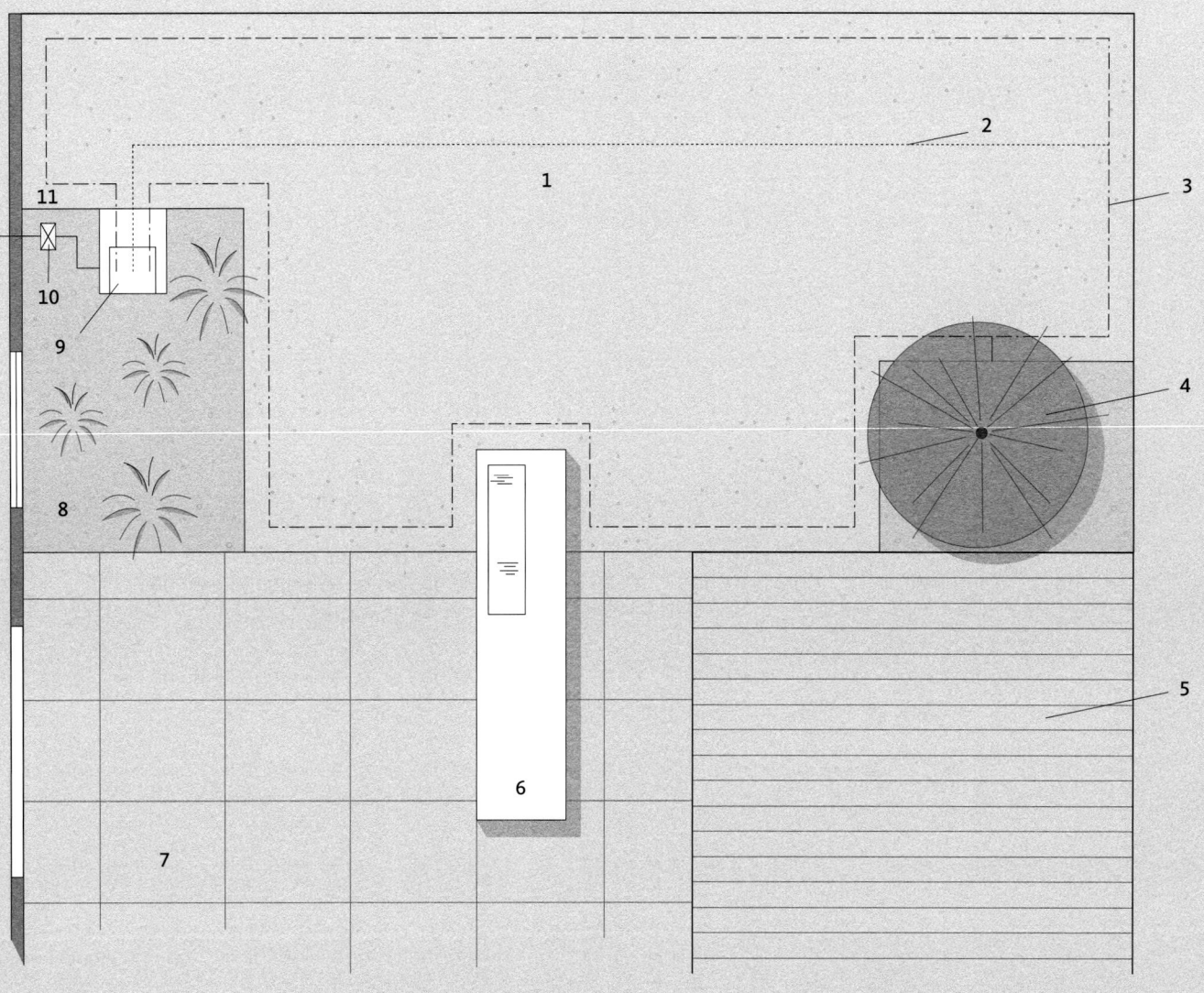

Funktionsprinzip eines Mähroboters
Begrenzungsdraht und Leitdraht

1 Rasen
2 Leitdraht
3 Begrenzungsdraht
4 Fächerahorn
5 Holzdeck
6 Tischobjekt
7 Terrasse
8 Pflanzfläche
9 Ladestation
10 Stromanschluss
11 ungemähter Randstreifen

Rasenmähen heute Nicht nur bei formalen Rasenteppichen werden zunehmend Mähroboter eingesetzt. Diese elektrisch betriebenen Geräte fahren nach einem bestimmten Prinzip kreuz und quer über die Rasenfläche. Dabei mähen sie die Grashalme bis auf einen ca. 20 cm breiten, seitlichen Randstreifen mit einer rotierenden Sichel ab und lassen das Schnittgut als nahrhaften Mulch liegen. Voraussetzung für die einwandfreie Funktion des Mähers ist allerdings die wohlüberlegte Verlegung des Begrenzungsdrahts unter der Grasnarbe. An ihm erkennt der Mäher seine Arbeitsgrenze und wendet. Zudem benötigt er einen Leitdraht innerhalb der Fläche, entlang dem der Mäher zuverlässig den schnellsten Weg zur Akku-Ladestation findet, wenn er auftanken muss. Wer nicht wirklich handwerklich versiert ist, sollte sich bei der Installation der Technik besser helfen lassen.

Foto Marcus Harpur Design Paul Martin, UK

Kochkünstler für draußen
Unter freiem Himmel grillen und kochen ist Trend. Wo früher der wackelige Würstchengrill oder ein ausklappbarer Campingkocher für Lagerfeuerromantik im Garten sorgten, ist heute eine perfekt durchorganisierte Outdoorküche machbar. Der Vorteil liegt auf der Hand: Wenn Sie Speisen auf hohem Niveau schätzen und diese gerne selbst frisch und auf den Punkt zubereiten, können Sie es nun direkt an Ihrem sommerlichen Lieblingsplatz draußen tun und zwar im Kreise Ihrer Gäste. Auch die immer beliebter werdenden Kochpartys mit guten Freunden lassen sich so natürlich deutlich spaßbetonter organisieren. Damit die Outdoorküche auch optisch in ihre neue Außenumgebung passt, werden im Design unterschiedliche Stilrichtungen und ausreichend robuste Oberflächenmaterialien angeboten. Das Spektrum der wählbaren Materialien erweitert sich selbstverständlich mit der zunehmend witterungsgeschützten Platzierung des Küchenblocks. Daher empfiehlt es sich, bei der Planung einer dauerhaften Outdoorküche auch über windschützende Rückwände oder hitzebeständige Überdachungen nachzudenken. Frühzeitig integriert und pfiffig gelöst, können sie sicher zur Bereicherung des Gartenplans werden und gleich auch noch das Lichtkonzept als Reflexionsfläche für indirekte Beleuchtungen unterstützen.

Nichts ist unmöglich Wer sich näher für eine Outdoorküche interessiert, steht vor verschiedensten Entscheidungen. Die auszuwählenden Materialien sollten grundsätzlich alle wasserfest und UV-beständig sein. Die Oberflächen dürfen sich zudem bei direkter Sonneneinstrahlung aufgrund der Erwärmung nicht beliebig ausdehnen. Deshalb werden in der Regel Stein, Edelstahl oder Kompaktplatten aus dem Fassadenbau eingesetzt. Auch massives Holz steht zur Wahl, ist allerdings ohne Sonderbehandlung weniger pflegeleicht. Neben fest installierten Küchen gibt es zudem mobile Lösungen, die sich auf bremsbaren Schwerlastrollen bewegen. Das Angebot bei den Grills rangiert vom einfachen Standard-Gasgrill über die Kocheinheit mit zusätzlichem, individuell einstellbarem Seitenbrenner bis hin zum handgefertigten Infrarotbrenner de luxe inklusive einer speziellen, extraheißen Grillzone für das besonders leckere Steakhouse-Röstaroma. Als State of the Art gilt wohl derzeit der Keramik-Holzkohlegrill für saftigste Fleisch-Langzeitgarungen oder auch vegetarische Pizzen wie aus dem Steinkohleofen – was die Bandbreite der Köstlichkeiten noch einmal erweitert. Auch bei der Ausstattung bleibt kaum ein Wunsch unerfüllt. So sind Kühlschränke, Bierzapfanlagen oder Heizstrahler mögliche Einbauten, auf die erfahrene Grillfreunde heute nur noch ungern verzichten.

Foto und Design Grillgoods, D

Auf High-End-Stufe Für Anspruchsvolle: Edles Nussbaumholz, Edelstahl und pulverbeschichtete Aluminiumplatten prägen die grifflose Frontansicht. Die Integration eines hochwertigen Brenners und eines Keramikholzgrills erlaubt allerfeinste Grill-Leckereien.

Foto Martin Häringer Design DIE OutdoorKüche, D

Country-Look für die Stadt-Ranch: familientaugliche Grillstation mit allem, was praktisch, gut und hilfreich ist. Massivholztheke mit geschwärzten Stahleinfassungen, viel robustem Stauraum und einer dezent beleuchteten Rückwand. Hier stört auch kein Olivenölfleck.

 Die vier wichtigsten Zusatzausstattungen

- Stromanschluss für Licht
- Wasser, möglichst warm
- Spülbecken mit Abfluss
- Müllbehälter

Der Aufenthalt im Garten wird vom Wunsch nach abgeschiedener Ruhe und unmittelbarem Naturgenuss begleitet. Ein vom Haus weiter entfernt liegender Sitzplatz ist daher meist dann gut angelegt, wenn er – vielleicht sogar inmitten des Gartens platziert – geschützte Behaglichkeit ausstrahlt. Neben der Einbettung in das jeweilige Gartenthema sollte der Bereich idealerweise auch so geplant werden, dass von ihm ein ergänzender interessanter Ausblick möglich ist. So könnten stolze Gartenbesitzer beispielsweise auch einmal den Blick auf das eigene schöne Zuhause genießen und nicht nur auf die Gartengrenzen der Nachbarschaft schauen. Doch noch weitere gute Gründe sprechen für einen sorgfältig gestalteten Sitzplatz in der grünen Oase. Wird er klug positioniert, kann er mit kühlendem Schatten punkten, während die Hausterrasse in der heißen Mittagssonne schmort. Und umgekehrt fallen auf ihn eventuell die Sonnenstrahlen der letzten Spätnachmittagssonne, wenn alle übrigen Bereiche schon längst in Lichtlosigkeit versunken sind. Zusätzlich zu diesen funktionalen Aspekten bereichern Gartensitzplätze auch jedes Raumkonzept. So können sie, am Grundstücksende angesiedelt, einladen, den Garten zu erkunden, oder sie bilden einen perfekten Zielpunkt für wichtige Blickachsen.

im garten

Das Geheimnis des Obstgartens
Vorhandene Gartenstrukturen wie ein uriger Baumbestand sind ein wahrer Segen für jeden Gestalter, denn Licht und Schatten oder auch das leise Rauschen der Blätter sorgen von Beginn an für den perfekten Naturgenuss. Die Herausforderung besteht jedoch in der behutsamen Einbettung aller neuen Inhalte. Inmitten dieser Obstwiese im schönen Frankenland wurde ein größerer Sitzplatz benötigt und mithilfe einer witterungsbeständigen Zuwegung sollte er möglichst lange im Jahr vom Wohnraum aus nutzbar bleiben. So plante ich die Zuwegung als Steg, der etwa zehn Zentimeter über dem Grasboden entlangführt und dadurch mit seiner Unterkonstruktion weniger tief in den Wurzelraum des knorrigen Apfelbaumbestandes eingreift. Auch das hölzerne Terrassendeck liegt „schwebend" über dem Gartenniveau zwischen den Apfelbäumen. Damit ist gleichzeitig eine bestmögliche Unterlüftung der Holzfläche gewährleistet. Dank einer hervorragenden handwerklichen Umsetzung der Pläne und der umsichtigen Wiederherstellung des alten Geländeverlaufs ist dem Obstgarten nicht anzusehen, dass er einige Wochen lang eine geschäftige Baustelle war und die großzügige Gartenterrasse nicht wirklich schon seit hundert Jahren so schön verschlafen daliegt.

Foto Manuel Sauer   **Design** Manuel Sauer, D

Konstruktion eines schwebenden Holzdecks

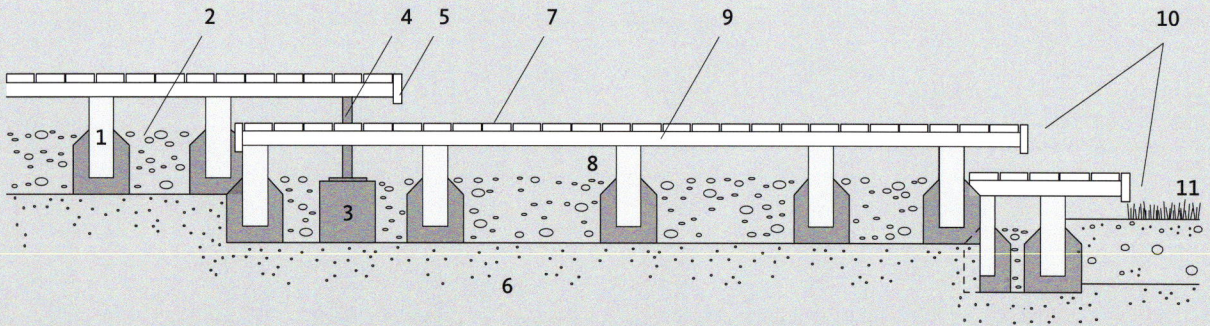

1 Betonkantenstein
2 Rollkies
3 Betonsockel
4 Stützpfosten
5 Verblendung
6 verdichteter Untergrund
7 Holzdiele
8 Luftraum
9 Unterkonstruktion
10 gleiche Stufenhöhe
11 Wiese

Wie der Schwebeffekt funktioniert

Damit die Einbindung der Konstruktion in das unebene Gelände gelingt, ist ein exaktes Geländeaufmaß mit einem Nivelliergerät erforderlich. Sodann werden die Höhenstufungen und die damit verbundene mögliche Ausdehnung der einzelnen Ebenen wechselseitig aufeinander abgestimmt. Der schwebende Effekt an den Vorderkanten ist möglich, wenn die Unterkonstruktion so verstärkt wird, dass dort keine Stütze notwendig ist oder sie weit genug eingerückt werden kann. Je weniger von der zusätzlichen Konstruktion zu sehen ist, desto schwereloser der Eindruck. Um zusätzliche „Leichtigkeit" zu erlangen, führt der Steg ein kurzes Stück weit auf die Terrassenebene. Genügend freier Platz auf dem Deck bewirkt, dass dieses Gestaltungsdetail nicht zur Stolperkante gerät.

Traum-Landschaft Die Gestaltung von Gartenräumen mit modellierten Rasenflächen ist ein noch wenig bekanntes Thema. Dabei ist der Rasen ein ideales Mittel, um über große wie auch kleinere Flächen eindrucksvolle Gartenbilder zu zaubern. Diese Rasenskulptur plante und modellierte ich für eine etwas abseits gelegene Nische am Kopfende eines schmalen Hausgartens. Aus dem Hintergrund schwingt die grüne Ebene auf den Betrachter zu und verliert sich nach vorne als kaum noch wahrnehmbare sanfte Schwingung im flachen Rasenteppich. Fünf speziell ausgewählte schirmförmige Felsenbirnen (*Amelanchier lamarckii*) postieren sich auf den Hügelkuppen und zeichnen gemeinsam mit der Wellenstruktur eine lebendige Grafik auf den Rasen – und das ganz unterschiedlich je nach Tages- oder Jahreszeit. Aber abgesehen von der Tatsache, dass sich dieser eher etwas abgeschieden liegende Bereich heute als wahrer Hingucker im Garten entpuppt, bietet das anmutige Landschaftsbild noch weiteren Nutzen. Inzwischen sind die grünen Hügel im wandernden Schatten der malerischen Felsenbirnen der Lieblingsspielbereich der Kinder geworden. Und auch die Erwachsenen zieht es immer wieder hierher, um die märchenhafte Atmosphäre des Ortes zu genießen und zwischen den sanft dahintreibenden Gräserwellen für eine Weile einfach abzutauchen.

Foto Manuel Sauer   **Design** Manuel Sauer, D

Formen und Farben in Bewegung   Nicht nur die Rasenwellen sorgen für ungewohnte Lebendigkeit. In den Abendstunden werfen fünf sorgfältig ausgerichtete Bodeneinbauleuchten ihr warmes Licht auf die bizarren Konturen der Gehölze. So inszenieren sie ein weiteres malerisches Stillleben, dass allerdings nur dem Genuss bei Dunkelheit vorbehalten ist. Die heimische und robuste Felsenbirne ist gut schnittverträglich und eignet sich daher für den besonderen Kronenaufbau in dieser Schirmform, der in der Baumschule über bis zu zwei Jahrzehnte hinweg entwickelt wird. Gehölze wie die Felsenbirne werden der Kategorie der Vier-Jahreszeiten-Gehölze zugeordnet. Wie der Name schon sagt, bieten diese Gewächse durch eine Frühjahrs- oder Sommerblüte, Spätsommerfrüchte, ein markantes Herbstlaub und meist auch durch einen attraktiven Habitus in unbelaubtem Zustand zu allen Jahreszeiten einen interessanten Anblick. So wird auch diese Rasenskulptur im Verlauf eines Jahres noch manch neue Aspekte zu bieten haben.

Acht schirmförmige Gehölze für den Hausgarten

Felsenbirne (*Amelanchier lamarckii*), Höhe 4–6 m, siehe Bild rechts
Blumen-Hartriegel (*Cornus kousa*), Höhe 3–5 m
Sieben Söhne des Himmels (*Heptacodium miconioides*), Höhe 3–5 m
Blasenbaum (*Koelreuteria paniculata*), Höhe 5–8 m
Zierapfel (*Malus* 'Makamik'), Höhe 4–6 m
Duftblüte (*Osmanthus* × *fortunei*), Höhe 2–3 m
Eisenbaum (*Parrotia persica*), Höhe 5–8 m
Schwarzkiefer (*Pinus nigra* subsp. *nigra*), Höhe 4–6 m

Rasen modellieren Bei der Herstellung von modellierten Rasenflächen sollte ein besonders drainfähiger Boden mit hohen Anteilen an grobem Sand oder Lavasplitt verwendet werden. Nur ein solches Substrat lässt sich in der erforderlichen Genauigkeit ausformen und bietet gleichzeitig die notwendige Trittstabilität, damit später nicht unerwünschte Absackungen die feinen Geländeverläufe wieder zerstören. Die Durchlässigkeit dieser Bodenmischungen stellt zudem nachhaltig sicher, dass sich möglichst keine Wasserpfützen in den tiefer liegenden Mulden bilden. Bei der eigentlichen Modellierung kommt es dann allerdings schon auf den Zentimeter an, wenn keine „Buckelpiste" entstehen soll. Die sanfte Ausformung der Hügel und Täler berücksichtigt zudem das Ziel, Niederschlagswasser von jeder Stelle aus weiter aus dem Bereich heraus abzuleiten. Zusammen mit der Substratmischung ist dann eine sichere Oberflächenentwässerung gewährleistet. Prüfen Sie auch, dass ein Rasenmäher alle Bereiche erfassen kann.

Neues Ufer

Kleinere Gartenräume leiden meist unter einer gewissen Sterilität, weil in der Regel nur noch wenig Gestaltungsspielraum besteht, nachdem die klassischen Komponenten „Terrasse" und „Rasen" ihren üblichen Flächenanteil erhielten. Mehr Qualität ist möglich, wenn eine eindeutige Idee gesucht wird, die das Sitzen und Entspannen gestalterisch in das Zentrum des Themas rückt. Werfen Sie dazu am besten einmal das klassische Gartenschema im Kopf über Bord und nehmen Sie Kurs auf Ungewohntes. Wie wäre es zum Beispiel mit einem Garten, der wie eine Wasserlandschaft mit einem versteckten Bootsanleger geplant wurde? Oder wie dieses Projekt zeigt, kann der Sitzplatz auch als Bootsdeck auf einer „Urwaldlichtung" konzipiert werden, als Floß oder sogar als sandige Robinson-Insel. Das Projekt wurde zwar ursprünglich vor einer waldartigen Situation realisiert, wäre jedoch in ähnlicher Weise auch in einem kleineren Hausgarten umsetzbar. Deutlich wird allerdings die Erfordernis, immer auch den Hintergrund und die Rahmenpflanzung in das Thema einzubeziehen und mit genügend Raum auszustatten. Nur so kann ein ausgefallenes Design im Ergebnis wirklich überzeugen. Die drei zu lösenden Gestaltungsaufgaben sind hier der Sichtschutz als Hintergrundkulisse, das Wasser als Teich mit Uferrand und der Sitzplatz als zentraler Aufenthaltsort.

Fotos Jürgen Becker **Design** Sarah Eberle, UK **Ort** RHS Chelsea Flower Show, UK

Wassergartenplanung Üppige und vitale Pflanzen sind bei einem natürlich wirkenden Wasserthema besonders wichtig. Sie sind sogar wichtiger als große Wasserflächen, die überdimensioniert schnell auch langweilig und eher behindernd wirken können. Um Wasser- oder Uferpflanzen zu verwenden, ist die Wasserreinigung als biologisches Teichsystem zu planen. Hier bilden Wasser, Pflanzen und die vielfältige Tierwelt einen gesunden Kreislauforganismus, dem eine natürliche Wassertrübung und auch ein gewisses, jahreszeitlich bedingtes Algenaufkommen zugestanden werden sollte. Je mehr Raum die Ufer- oder Sumpfzone jedoch erhält, desto stabiler kann sich das Ökosystem entwickeln und beispielsweise eine aufkommende Algenblüte durch genügend Fraßfeinde schneller wieder unter Kontrolle bringen. Das Baden ist in einem kleineren Hausgartenteich in der Regel aber leider noch nicht möglich. Auch im Bild zu sehen: Dahlien (*Dahlia*) und Essigbäume (*Rhus typhina* 'Dissecta').

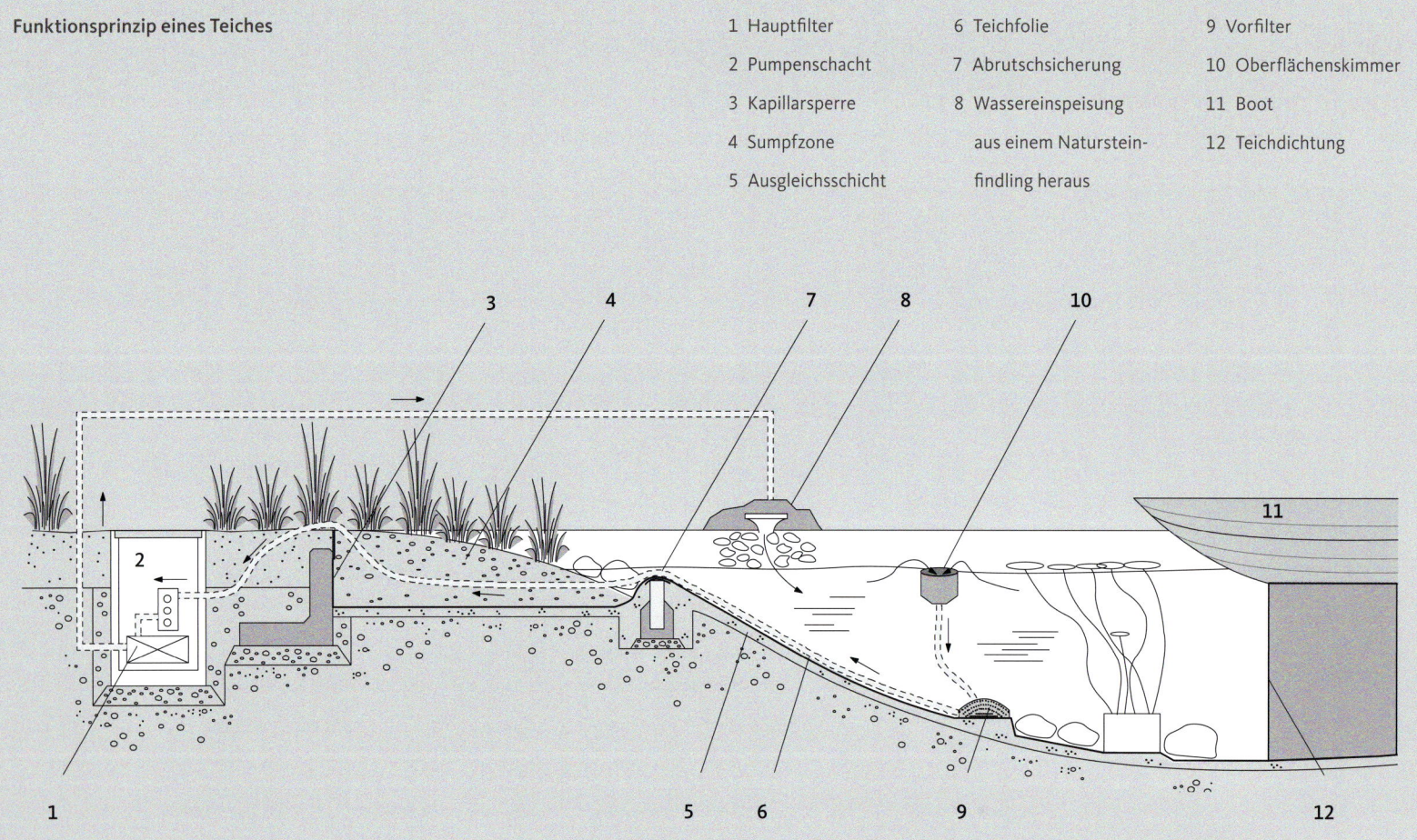

Funktionsprinzip eines Teiches

1 Hauptfilter
2 Pumpenschacht
3 Kapillarsperre
4 Sumpfzone
5 Ausgleichsschicht
6 Teichfolie
7 Abrutschsicherung
8 Wassereinspeisung aus einem Natursteinfindling heraus
9 Vorfilter
10 Oberflächenskimmer
11 Boot
12 Teichdichtung

 Andere schöne Uferpflanzen für die Sumpfzone

Seerose (*Nymphaea* 'Madame Laydeker'), Wassertiefe 30–50 cm
Blumenbinse (*Butomus umbellatus*), Wassertiefe 10–30 cm
Hechtkraut (*Pontederia cordata*), Wassertiefe 0–40 cm
Sumpfiris (*Iris kaempferi*), Wassertiefe 0–5 cm
Calla (*Zantedeschia aethiopica*), Wassertiefe 0–5 cm
Kleiner Rohrkolben (*Typha minima*), Wassertiefe 0–10 cm
Rote Wasserlobelie (*Lobelia fulgens* 'Queen Victoria'), Wassertiefe 0–10 cm

Treffpunkt Grillhaus

Ihre Hausterrasse bietet keinen schönen Ausblick? Der Zuschnitt Ihres Gartens empfiehlt eher den hinteren Bereich als Hauptaufenthaltsort? Oder suchen Sie dort nach einer Alternative zur üblichen Sichtschutzwand? Ein ansprechend gestalteter Gartenplatz könnte die Lösung sein. Der hier gezeigte Freizeitpavillon erlaubt durch sein leicht wirkendes Gründach einen wetterfesten Ganzjahresaufenthalt inklusive blickgeschützter Privatatmosphäre in verschiedene Himmelsrichtungen. Bitte beachten Sie aber: Bei der Planung einer solchen Konstruktion sind die örtlichen Baubestimmungen zu befolgen. Der formschöne Familientreffpunkt bindet nicht nur gemütliche Sitzbereiche ein, sondern auch eine Feuerstelle für ein entspanntes Barbecue. Die unterschiedlich tief gestaffelten Wandelemente tragen die luftige Dachfläche und lassen durch die geschickte Zonierung ein wohnliches Raumgefühl aufkommen, ohne sich gegen die Umgebung abzuschotten. Ein weiterer optischer Leckerbissen sind die mächtigen Felsbrocken, mit denen sich der Pavillon umgibt und die vorne als Gestaltungs-Highlight einen kleinen Teich begleiten. So bietet der landschaftlich gehaltene Garten einige attraktive Entdeckungen und mit der Grillhütte ein lohnendes „Wanderziel" nach dem Rundgang.

Fotos Jürgen Becker **Design** Adam Frost, UK **Ort** RHS Chelsea Flower Show, UK

Funktionsprinzip einer extensiven Dachbegrünung

1 Pflanzung
2 Substrat
3 Filterschicht/-matte
4 Schutzmatte (wurzelfest)
5 Dach

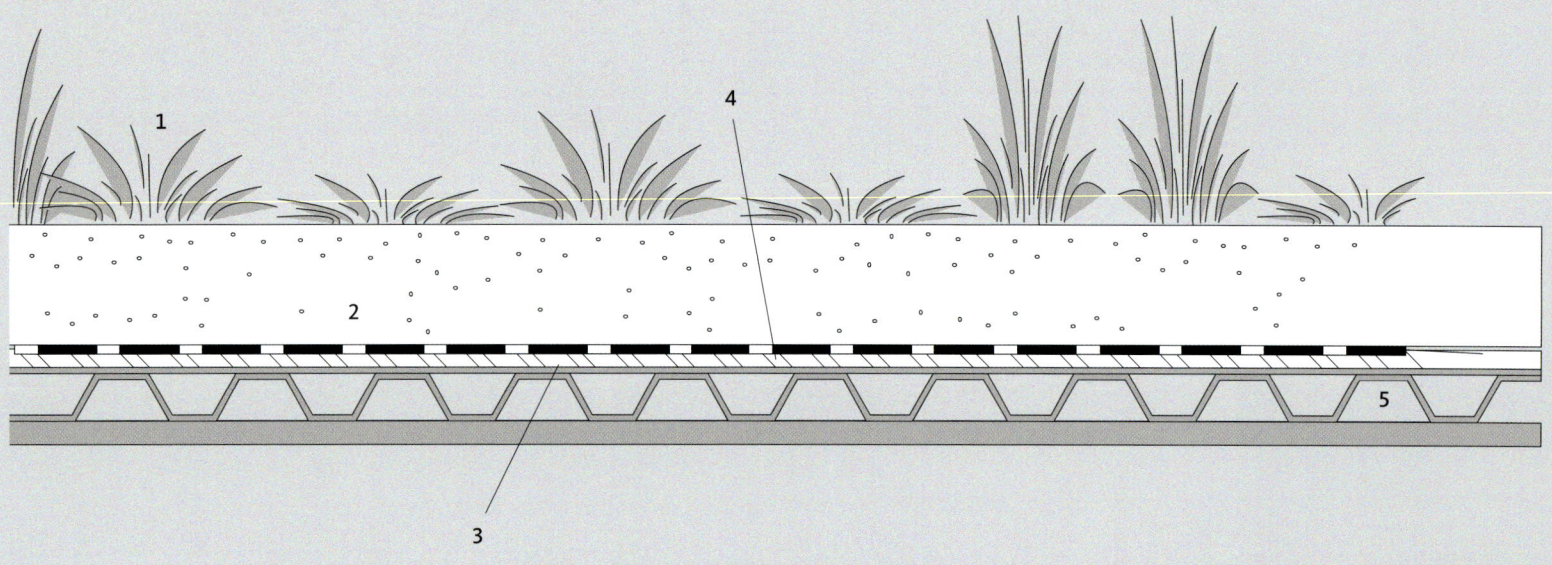

 Pflanzen für eine extensive Dachbegrünung

Katzenpfötchen (*Antennaria dioica*), Blüte V–VI, rosa
Glockenblume (*Campanula rotundifolia*), Blüte V–VII, blau
Zypressen-Wolfsmilch (*Euphorbia cyparissias*), Blüte V–VI, gelblich
Habichtskraut (*Hieracium aurantiacum*), Blüte VI–VIII, orange
Wiesen-Salbei (*Salvia pratensis*), Blüte VI–VIII, violett
Tripmadam (*Sedum reflexum*), Blüte VI–VII, gelb
Thymian (*Thymus serpyllum*), Blüte V–IX, violett

Flach-Begrünung Gründächer haben heute einen hohen technischen Reifegrad erreicht und sind in nachhaltigen Bauprojekten längst zum klugen Standard avanciert. So geben sie oben ein wenig Naturraum zurück, der unten genommen wurde. Dies lässt sich im Garten zum Beispiel am Carport oder sogar auch bei jeder Mülltonnenbox verwirklichen. Die gärtnerische Herausforderung liegt darin, dass die relativ dünnen Substratschichten das Niederschlagswasser immer sicher aufnehmen, speichern und bei Sättigung wieder zügig ableiten müssen. Dazu sind besondere Substrate und Wasserspeicherbereiche erforderlich. Circa 5 bis 15 Zentimeter starke Substratschichten ermöglichen eine „extensive", etwa 30 Zentimeter starke Schichten eine „intensive" Begrünung. Die verwendeten Pflanzen benötigen ähnlich einer Felsplateau-Situation eine entsprechend hohe Stresstoleranz, damit sich eine saftig grüne Dachlandschaft entwickelt und keine staubige Brachfläche. Auch im Bild zu sehen: Akeleien (*Aquilegia*), Schwertlilien (*Iris*) und Trollblumen (*Trollius europaeus*).

Insellage Sitzplätze in der Nähe erfrischender Gewässer sind besonders beliebte Aufenthaltsbereiche. Im Garten muss der Sitzplatz aber nicht zwangsläufig nur am Uferrand platziert werden. Andere Gestaltungslösungen ergeben sich, wenn die Terrasse weiter in das Wasser hineingeschoben wird. Dann könnte sie auch eine Art Brücke darstellen, die gemeinsam mit umspielender Pflanzung zwei getrennt erscheinende Beckenteile verbindet. In diesem Bildbeispiel wurde die zentral angeordnete Holzplattform in bestimmte fernöstliche Akzenten wie Großbonsai, Formschnitt oder rundliche Trittsteine eingebettet. Der meditative Gartenausblick wirkt, als würde sie auf der Wasseroberfläche gleiten. In Realität wurde ihre Basis aus stabilen, senkrechten Mauerwinkelsteinen erstellt, über die der Holzdeckrand etwa 20 Zentimeter weit hinausragt. Im zweiten Schritt erfolgte die sackungsfreie Verfüllung des Zwischenraums. Durch die lotrechten Wände ist nur wenig von der Teicheinfassung zu erkennen und es ergibt sich der Eindruck einer schwimmenden Plattform. Damit die Filtrierung beide Teichabschnitte ausgeglichen bedient, sind diese unterirdisch durch einen Längsschacht miteinander verbunden. Da die Wasserabsaugung in Richtung Filter in dem einen und die Wiedereinspeisung des Wassers in dem anderen Beckenteil erfolgt, ist der Wasserkreislauf im gesamten Teich gewährleistet.

Fotos Jürgen Becker **Design** Reinhold Borsch, D

Sonnengenuss dank Schatten Kühler Schatten ist an warmen Sommertagen heiß begehrt. Sitzbereiche in voller Sonne benötigen immer eine Beschattungsoption, wenn der Aufenthalt dort nicht frühzeitig wieder abgebrochen werden soll. Neben dem klassischen Sonnenschirm bietet sich heute auch eine neue Generation von Sonnensegeln an, die relativ einfach zusammenrollbar sind. Wie bei diesem Beispiel kann das Tuch auch elektromotorisch aufgespannt und eingeholt werden – und zwar stufenlos für Flächen bis über 80 qm. Moderne individuell einstellbare Messinstrumente für die Wind-, Regen- und Sonnenintensität erlauben einen weitgehend automatischen Betrieb. Achten Sie beim Kauf auch auf die pflegeleichte Textilqualität des Segels. Hier zahlt sich die Investition in eine UV-beständige und hochreißfeste Verarbeitung bereits nach wenigen Jahren aus.

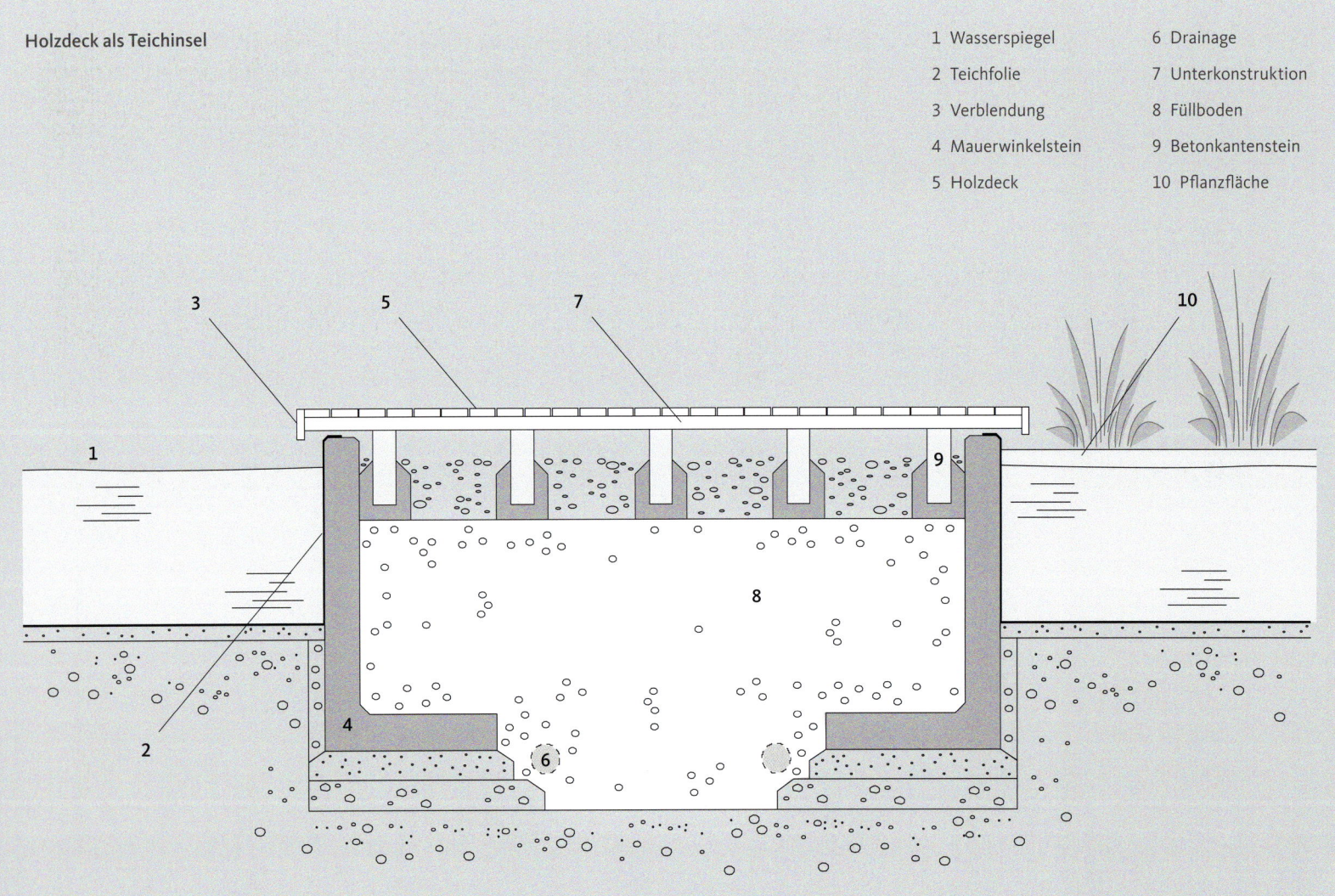

Holzdeck als Teichinsel

1 Wasserspiegel
2 Teichfolie
3 Verblendung
4 Mauerwinkelstein
5 Holzdeck
6 Drainage
7 Unterkonstruktion
8 Füllboden
9 Betonkantenstein
10 Pflanzfläche

Elegant in Schale In den späten 70ern hatte sein Ruf einige Risse bekommen, doch in den letzten Jahren bahnt sich sein Comeback an. Sichtbeton ist nicht länger ein Geheimtipp. Inzwischen werden die warmen Grautöne des künstlich erzeugten Gesteins wieder hoch geschätzt und finden auch im neuen Gartendesign immer mehr Freunde. Die Betonwände hier weisen eine raue Oberfläche auf, weil eine entsprechende Schalungstechnik eingesetzt wurde. Die Lebendigkeit der robusten Optik ergänzt sich sehr ansprechend mit den großzügig verlaufenden Terrassenflächen. Das Gartenkonzept gibt sich insgesamt aufgeräumt und konzentriert sich auf gut gelöste Details und interessante Materialverwendungen wie den Sichtbeton. Die feinen Versetzungen in den Einfassungsmauern, die exakten Überläufe in den Wasserbecken oder die perfekt eingebundenen Blockstufen der Treppe weisen auf eine sorgfältige Planung der Terrassierungsmauern hin. Ansonsten bleibt den sparsam eingesetzten Gestaltungsinhalten viel Raum, um in Ruhe zu gefallen. Die besonders interessanten Komponenten sind die Wasserkaskade, das Feuerelement oder bei den Pflanzen zum Beispiel ein Juwel der buntlaubigen Gehölze, der Rote Fächer-Ahorn (*Acer palmatum* 'Atropurpureum').

Fotos Marion Brenner **Design** Joseph Huettl, USA

1 Überlauf
2 Wasserbecken
3 Treppe
4 Sichtbetonwand
5 Splittbelag
6 Pflanzfläche
7 Plattenbelag
8 Feuerstelle
9 Sichtbetonwand
10 Fächerahorn
11 Sichtbetonwand

Die Schalung von Sichtbeton Geschalter Sichtbeton erfordert eine vor Ort millimetergenau aufgebaute Gussform – die „Schalung". Nach dem Aushärten des Betons wird sie sehr vorsichtig zurückgebaut, um Kantenabplatzungen zu vermeiden. Der halbflüssige Beton wird in die druckstabile Form gegossen, in die eine Vielzahl von Stahlstäben oder Stahlmatten als sogenannte „Armierung" eingeflochten wurden. Dann härtet der Beton über mehrere Tage darin aus. Je nach Art der Innenfläche einer Schalung kann ein Sichtbeton unterschiedlichste Oberflächen zeigen. In diesem Garten wurde die relativ einfach herzustellende „Brettschalung" eingesetzt. Dabei kommen sägeraue Nadelholzbretter zum Einsatz, deren lebhafte Struktur, aber auch die einzelnen Brettfugen sich nach der Ausschalung in der Oberfläche des hergestellten Betonteils widerspiegeln.

 **Andere ästhetische Ziersträucher als Solitärgehölz**

Schlitz-Ahorn (*Acer palmatum* 'Dissectum')
Katsurabaum (*Cercidiphyllum japonicum*)
Blumenhartriegel (*Cornus kousa* var. *chinensis*)
Samt-Hortensie (*Hydrangea aspera* subsp. *sargentiana*)
Heiliger Bambus (*Nandina domestica*)
Scharlach-Kirsche (*Prunus sargentii*)
Etagen-Schneeball (*Viburnum plicatum* 'Mariesii')

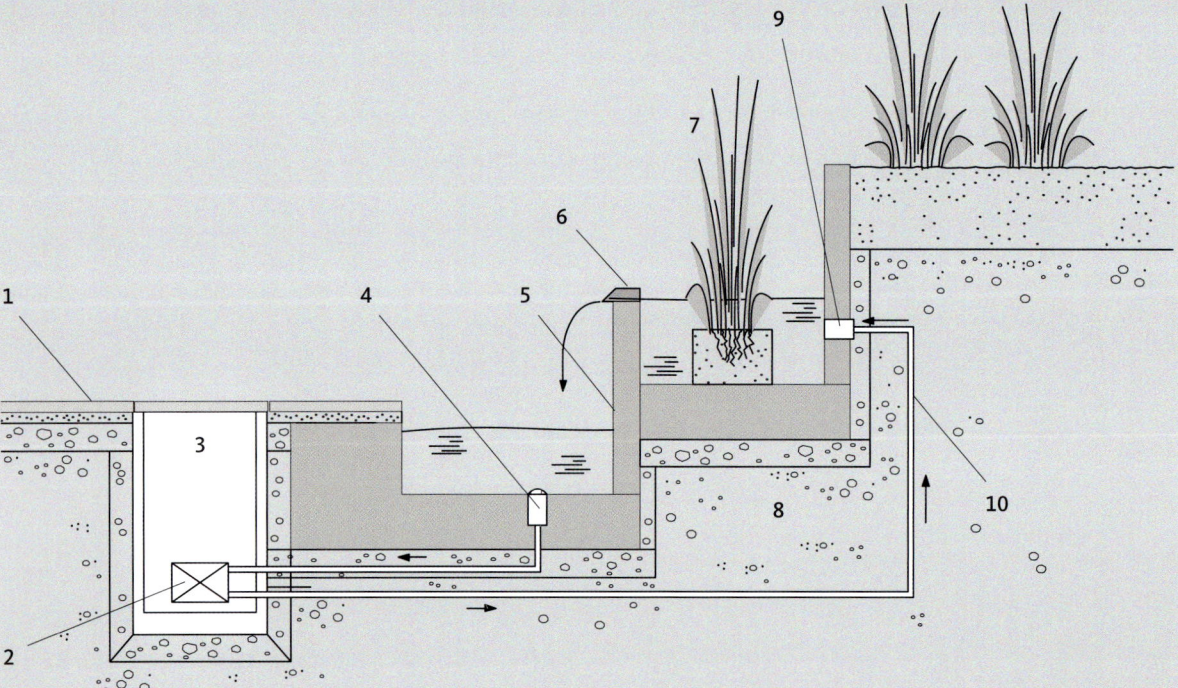

Funktionsprinzip eines gestuften Wasserbeckens
Wasserbecken mit Überlauf

1 Terrasse
2 Filterpumpe
3 Pumpenschacht
4 Ablauf
5 Betonwand
6 Überlauf
7 Wasserpflanze
8 verdichteter Untergrund
9 Einströmdüse
10 Zulauf

Mit Wasserspielen gestalten   Wassergeräusche entspannen – aber das wird individuell durchaus sehr unterschiedlich wahrgenommen. Wasserspeier, Quellsteine, Fontänen oder Sprudler sind der Weg, um im Garten die Wahrnehmung von Wasser auch akustisch zu realisieren. Allerdings sind Lautstärke und Klang der einzelnen Elemente dabei sehr unterschiedlich ausgeprägt. Die Lautstärke und ebenfalls der Klang des Wassergeräuschs hängen außerdem von Faktoren wie der Fallhöhe des Wassers und der Tiefe des Auffangbeckens ab. Wenn Sie bezüglich des Wassergeräuschs sichergehen wollen, sollten Sie sich zu einem Testaufbau entschließen, der die künftigen Bedingungen möglichst wirklichkeitsnah umsetzt. Denn es wäre doch schade, wenn eine kunstvolle Wasserkaskade wie diese nur selten in Betrieb genommen werden würde, weil das Plätschern am Ende doch als eher störend empfunden wird.

Next Level mit System
Geländehöhenunterschiede sind für Gärten oft Geschenk und Strafe zur gleichen Zeit, denn sie bieten einerseits die Chance für spannende Topografien und Räume, doch bedeuten sie immer auch einen nicht unerheblich höheren Bauaufwand. Zusätzliche Stufenanlagen und Terrassierungsmauern können ein übliches Durchschnittsbudget sehr schnell verdoppeln. Den wirtschaftlichsten Weg nach oben bieten dabei industriell hergestellte Mauersysteme. Bei den hier abgebildeten Mauerscheiben handelt es sich um Betonwinkelsteine, die nach der Hinterfüllung mit Boden bereits als kippsichere Böschungsmauern funktionieren – vorausgesetzt, die Ausführung erfolgte fachgerecht. Die Sichtbetonflächen der Steine eignen sich gut für den eher sachlich geprägten Stil. Wie bei allen handwerklichen Arbeiten steht und fällt aber auch bei solchen relativ günstig zu verbauenden Systemsteinen die ästhetische Qualität des Gartens mit der Güte des Materials und der Detailausführung. Farbige Akzente durch eine stilgerechte Möblierung und insbesondere eine vitale Bepflanzung sollten frühzeitig eingeplant werden, damit der Garten nicht nur cool, sondern auch wohnlich wirkt. Softe Pflanzen wie Gräser oder die Rispenhortensie (*Hydrangea paniculata*, Blüte VII–IX, creme bis rosa) im Hintergrund ergänzen die harte Betonwelt wohltuend.

Fotos Ferdinand Graf Luckner **Design** gartenplus, D

Funktionsprinzip des Betonwinkelsteins

1 Bodenbelag
2 Betonbettung
3 Füllboden
4 L-Stein
5 Bitumenabdichtung
6 Erdlast
7 Drainagerohr
8 verdichteter Untergrund

L-Steine richtig verbauen
Mauerscheiben werden auf einen verdichteten Untergrund in eine Betonbettung gesetzt. Dabei liegt ihre Unterkante ca. 10 cm tiefer als der später davor anschließende Bodenbelag. Die Fugen sind auf der Rückseite mit einem geeigneten Dichtmittel wie Bitumenmasse abzudichten. Betonwinkelsteine – auch „L-Steine" genannt – stehen nur dann kippsicher, wenn ihr Winkel-Fuß ordnungsgemäß belastet wird. Dazu ist geeigneter Füllboden sehr sorgfältig verdichtet einzubauen. Damit sich hinter dieser Wand kein Niederschlagswasser anstaut, liegt am Mauerfuß ein Drainagerohr, das durch feine Schlitze in seiner Wandung Wasser aufnehmen und seitlich wegführen kann. Bitte beachten Sie: In diesem Zusammenhang ist immer auch die nachhaltige Ableitung des Wassers zum Beispiel in eine Kanalisation zu klären!

Freiluft-Datscha Wenn ein Garten mit wenigen, klaren Konturen überzeugt und gleichzeitig den Wunsch erweckt, am liebsten doch den ganzen Sommer dort zu verbringen, dann ist vieles richtig gemacht worden. Bei diesem Projekt wurde innerhalb eines etwas unregelmäßig verlaufenden Grundstücks ein separater wohnlicher Freizeitbereich eingerichtet. Der Sitzplatz am Kopfende schließt mit einem Sichtschutz als Feuerstelle ab, die durch die seitliche Weiterführung der Wände ein wenig an eine geöffnete Gartenlaubenszene erinnert. Eingefasst ist die Kulisse seitlich von üppigen Gartensträuchern wie der besonders langblühenden Bauernhortensie (*Hydrangea macrophylla* 'Endless Summer', Blüte V–X, blau). An einem feinen Edelstahlseilgerüst klettert echter Wein (*Vitis vinifera*) mit essbaren Trauben und rahmt den Sitzbereich zu einer lieblichen Gartenecke, die wohl jeden eingeschworenen Laubenpieper in Verzückung versetzen dürfte. Nur hüfthoch, aber dennoch äußerst wirkungsvoll trennt ein schmaler Mauerriegel das Gartenthema vom übrigen Areal und gliedert das Wasserbecken im Vordergrund. Wer möchte in dieser harmonischen Gartenatmosphäre nicht auch einmal länger auf der Mauer am Wasser sitzen und mit „de Beene" baumeln.

Fotos Modeste Herwig **Design** Karin van den Hoven, NL

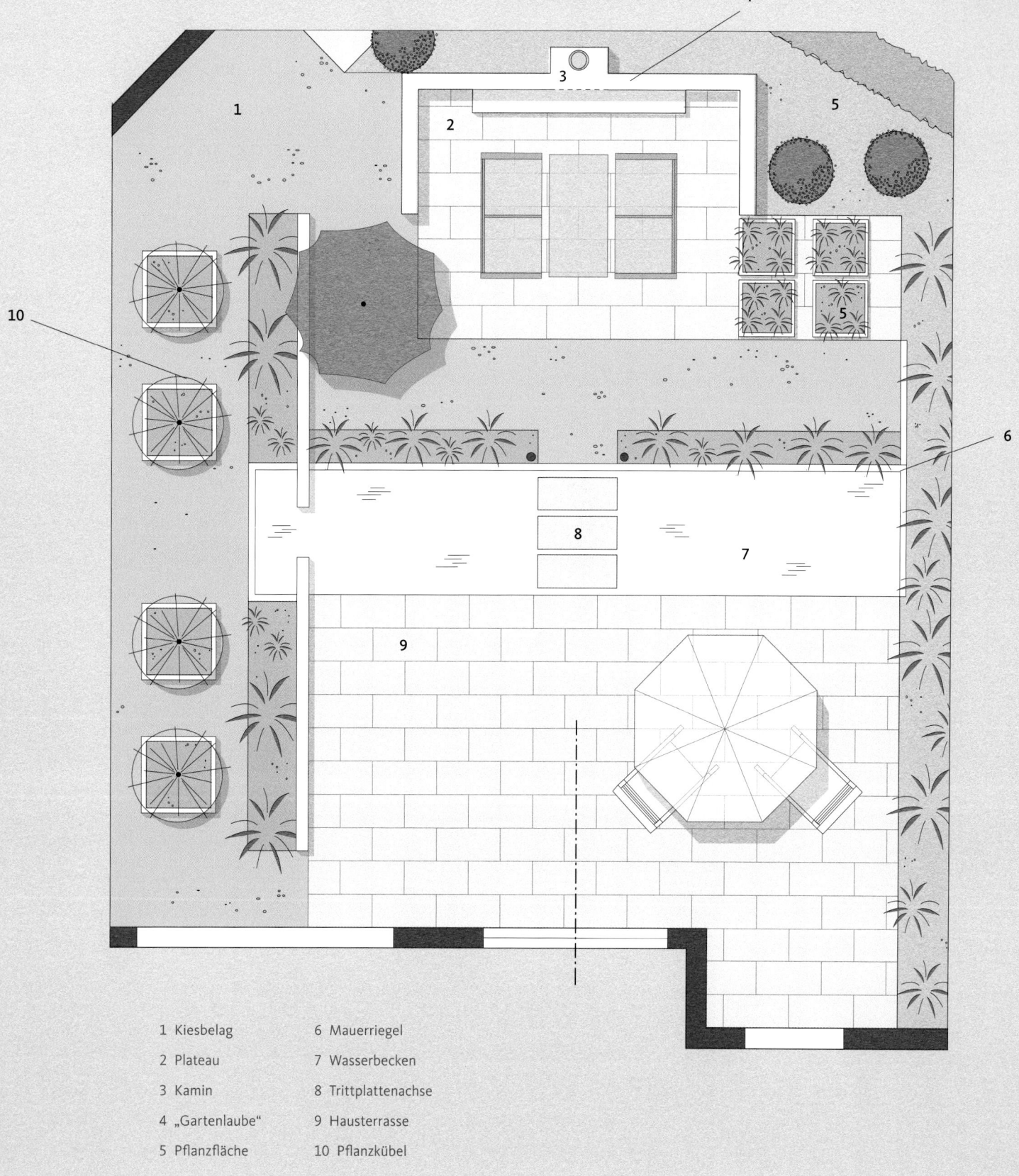

1 Kiesbelag
2 Plateau
3 Kamin
4 „Gartenlaube"
5 Pflanzfläche
6 Mauerriegel
7 Wasserbecken
8 Trittplattenachse
9 Hausterrasse
10 Pflanzkübel

Entspannte Oase Eine breit ausgeführte Trittplattenachse verbindet die Hausterrasse mit der weiter hinten lockenden Laubenidylle. Die Sockel, auf denen die Platten ruhen, werden bereits bei der Herstellung der Beckenbodenplatte gebaut. Damit die schlanken Säulen später nicht wegknicken, werden senkrechte Stahlstäbe in deren Mitte mit der Stahlmattenarmierung der Bodenplatte verknüpft und dann beim Betonieren vergossen. Die einfache Seerose (*Nymphaea alba*) im Wasser lässt dessen chemiefreie Reinigung erkennen. Hier kommt ein kräftiger Teichfilter zum Einsatz, der offenbar sogar einige kleinere Fische erlaubt. Mit einer solchen Teich-Besetzung sind gewisse Trübungen und Algenblüten allerdings einzuplanen. Am Ufer gegenüber säumen die bis zu 1,30 m hochstrebenden Rasen-Schmielen (*Deschampsia cespitosa*) den Beckenrand. Von dort aus sind es nur wenige Schritte, um auf dem um eine Stufe erhöht liegenden Plateau am Feuer Platz zu nehmen.

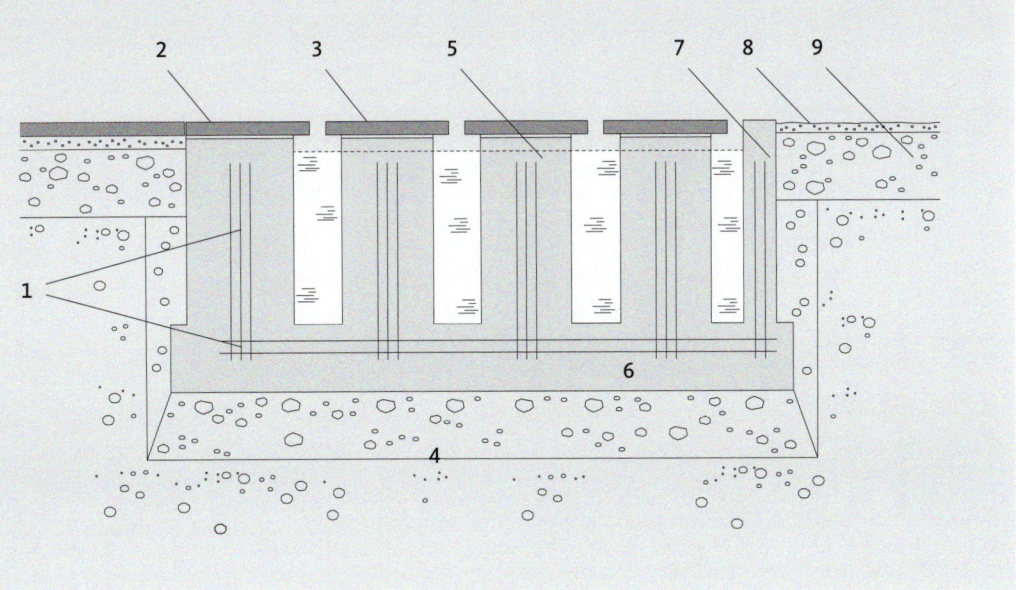

Trittplattensockel mit Armierung

1. Stahlarmierung
2. Terrassenplatte
3. Trittplatte
4. verdichteter Untergrund
5. Sockel
6. Bodenplatte
7. Beckenrand
8. Kiesbelag
9. Tragschicht

Sanfte Ordnung Struktur und Offenheit prägen auch die übrigen Bereiche des Gartens. So sind an mehreren Stellen rhythmisch angeordnete Kleinbäume zur lockeren Raumbildung aufgereiht. Junge Olivenbäumchen finden sich entlang der Wasserbeckenmauer in einer Kübelreihe. Der seitliche Garteneingang wird von schmalen Bäumen begleitet, die in einem Splittstreifen vor üppigen Hortensien (*Hydrangea paniculata* 'Limelight', Blüte VII–IX, weiß) stehen. Dazwischen platzierte Bodeneinbauscheinwerfer schaffen eine eindrucksvolle Linie bei Dunkelheit. Auch in diesen Gartenabschnitten wird die stille Schönheit deutlich, die umschmeichelnde Gräser entfalten können.

Starke Statements In pflanzenbetonten Gärten, in denen Stauden und Gehölze auch schon einmal die Sicht vom Haus aus deutlich einschränken, verschwimmen die Strukturen eines interessanten Sitzplatzes oder seiner Überdachung schnell ins Wirkungslose. Wenn sich der Vordergrund des Gartens also sehr lebhaft gibt, darf im hinteren Teil ruhig etwas dicker aufgetragen werden. Als gut wahrnehmbar empfehlen sich helle, kontrastreiche Farbgebungen oder gar auch eine echte Komplementärfarbe wie ein kräftiges Rot-Orange zu dominierenden Grüntönen. Die Farbflächen können dann durchaus großzügig angelegt werden, damit sie sich gegen das mitunter flatterhafte Grün unterschiedlicher Pflanzen durchsetzen können. Selbstverständlich gehen auch massivere Baukörper, wie sie in diesem Garten zu bewundern sind. Hier blieb die Gestaltung ganz harmonisch bei natürlichen Farbtönen und Materialien. Allein die Überspitzung der hölzernen Pavillonrahmung hin zu mächtigen Säulen und Trägern lässt das ansonsten eher leicht erscheinende Bauwerk sehr markant auftreten. Wie Baumstämme eines reifen Waldes wachsen die Hölzer aus dem Grün heraus. Klar, dass in diesem Garten genügend Platz ist für ebenso üppige Blattstauden und verschwenderische Blütenfülle.

Fotos Jürgen Becker **Design** Chris Beardshaw, UK **Ort** RHS Chelsea Flower Show, UK **Skulptur** John O'Connor, UK

Blätter-Rausch Ebenfalls unübersehbar dominiert ein längliches Wasserbecken die Mittelachse des Gartens. Dann allerdings wird das Feld wahren floralen Grazien überlassen und im lichten Schatten eines goldgelben Fächer-Ahorns (*Acer palmatum* 'Aureum'), der rechts des Beckens steht, breitet sich ein vitales Naturschauspiel aus – nicht ganz pflegeleicht, aber wunderschön. Wenn Sie von einem solchen prächtigen Staudengarten träumen, sollten Sie vor allem immer in gute, durchlässige Böden mit hohem Humusanteil – zum Beispiel gesunden Kompost – investieren. Auch im Bild zu sehen: japanischer Fächerahorn (*Acer palmatum* 'Seiryu') – links des Beckens, Prachtspieren (*Astilbe* 'Bumulda'), Prärielilien (*Camassia*), silberner Hahnenfuß (*Ranunculus aconitifolius* 'Pleniflorus'*)*, gewöhnliche Nachtviole *(Hersperis matronalis)* und Wieseniris (*Iris sibirica*, Blüte V–VI, blauviolett).

 Andere schöne Charakterstauden in halbschattiger Wassernähe

> **Berg-Eisenhut** (*Aconitum napellus*), Blüte VI–VII, blauviolett
> **Wald-Glockenblume** (*Campanula latifolia*), Blüte VI–VII, dunkelviolett
> **Taglilie** (*Hemerocallis* 'Crimson Pirate'), Blüte VI–VIII, rot
> **Gold-Funkie** (*Hosta* 'Eye Declare'), Blüte VI–VII, lavendel
> **Spanisches Hasenglöckchen** (*Hyacinthoides hispanica*), Blüte IV–V, blau
> **Gefüllter Hahnenfuß** (*Ranunculus acris* 'Multiplex'), Blüte V–VI, goldgelb

Schön auch ohne Feuer

Damit kleinere Sitzplätze im Garten nicht so einfach übersehen werden, sollten sie gezielt als eigenständiger Blickfang geplant werden. Im Kontrast zur klassischen Ziegelmauer wurde hier eine Feuerstelle mit einer eleganten Sitzbank aus geschliffenem, hellem Kalkstein erstellt. Oberhalb der Mauerkante reihen sich die als flache Spalierscheiben ausgebildeten Kronen der Hainbuche (*Carpinus betulus*) und vervollständigen den blickschützenden Hintergrund. Der U-förmige Steinrahmen erhielt an seiner Unterseite eine gleichmäßige Lichtquelle, die das Möbel selbst abends als ästhetisches Sitzobjekt inszeniert. Das davor platzierte Feuerelement lagert sein Brennholz gleich selbst an Ort und Stelle. Die rostrote Patina des verwendeten Cor-Ten-Stahls schimmert angenehm warm im Licht des Feuers, aber ebenfalls in dem der Rahmenbeleuchtung. So entsteht ein gemütlicher Sitzbereich, der auch bei erloschenen Flammen noch lange nichts von seiner einladenden Atmosphäre einbüßt. Ein fast unscheinbares Detail verleiht dem Sitzplatz zusätzliche Designqualitäten: Bei genauerer Betrachtung erkennen Sie in der Kiesfläche helle Streifen aus dem Material der Kalksteinbank. Wie in einem Teppich eingewebt ordnen die feinen Linien die gesamte Platzsituation nun zu einem harmonischen Gesamtbild.

Fotos Marianne Majerus **Design** Charlotte Rowe, UK

Kies und Splitt – Pro und Kontra
Wege und Plätze aus Perlkies oder Splitt, klassische Belagsmaterialien in Gärten, sind durchaus nicht unumstritten. Einerseits gefallen die wasserdurchlässigen Flächen, weil sie ohne komplizierte Entwässerungsplanung auskommen, günstig in der Herstellung sind und beim Begehen so wunderschön knirschen. Doch andererseits gelten sie als pflegeaufwendig, weil Blüten, Laub und Samen umgebender Gehölze nur mühsam zu entfernen sind. Auch der Umstand, dass feine Körner unter den Schuhen ins Haus gelangen und Unkraut sich gerne in unbenutzten Ecken ansiedelt, stärkt die Skeptiker. Leider stimmen alle Argumente und so bleibt nur der Kompromiss. Die Pflegeleichtigkeit der Flächen steigern Sie allerdings bei fachgerechter Ausführung des Unterbaus. Ein Geotextil, verlegt zwischen dem verdichteten Untergrund und der Schottertragschicht, stört Unkräuter erheblich beim Einwurzeln in die tieferen Bodenschichten. Genauso wichtig ist eine starke, wasserdurchlässige Schottertragschicht. Eine Schichtdicke von fünfzehn bis zwanzig Zentimetern in den begehbaren Bereichen führt zu einer sehr trockenen Situation an der Oberfläche und erschwert es unerwünschten Pflanzen, zu keimen und Wurzeln auszubilden.

Pflasterreihen in einem Splittbelag

1 Geotextil als Wurzelschutz
2 Pflasterreihe
3 verdichteter Untergrund
4 wasserdurchlässige Schottertragschicht
5 Mörtelbettung
6 Splittbelag

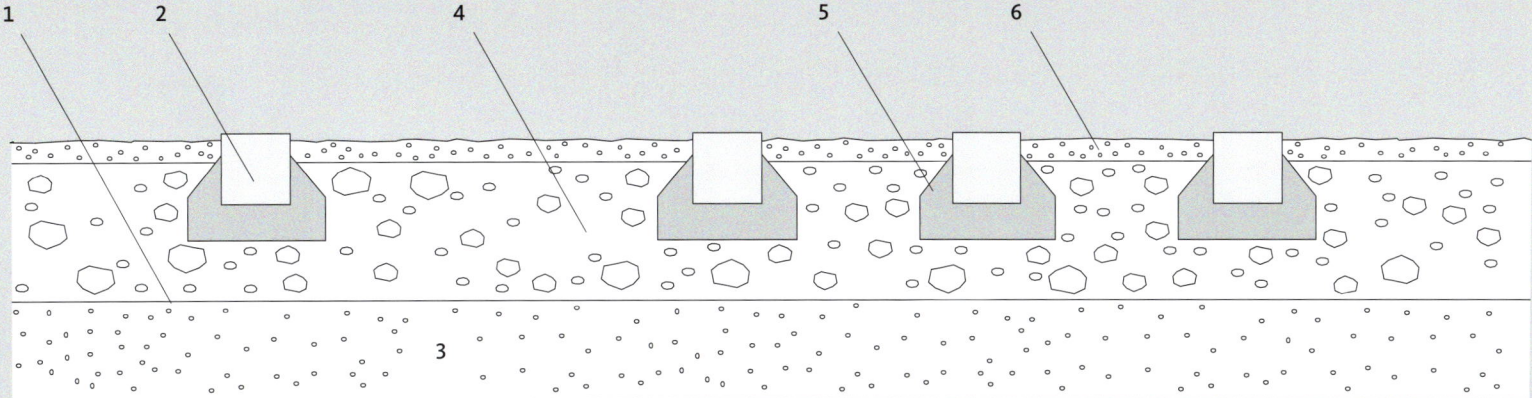

Aus einem Guss

Der hervorzuhebende Aspekt bei diesem Projekt ist die kluge Anbindung des Sitzplatzes am hinteren Kopfende des Gartens an die vordere Terrasse. Hier löst sich die oft übliche, aber mitunter doch eher etwas einfallslose „klassische" Hintereinanderschaltung von „Terrasse – Rasen – Pflanzfläche – Zaun" auf. Dafür entsteht hier eher der Gesamteindruck eines großzügigen, ganzheitlichen Gartenraumes. In ihm sind geradlinige Strukturen und die Farbe Weiß prägend. Beide Elemente bestimmen zum einen die Raumfassung und zum anderen die Gestaltung der zwei Sitzbereiche. Die weiße Gartenmauer startet an der Arbeitstheke neben der Hausterrasse und zieht sodann eine markante Linie in Form einer Hochbeetkante vor der ebenfalls in Längsrichtung verlaufenden Lattung des Sichtschutzzaunes vorbei. In dem Beet steht das filigrane Patagonische Eisenkraut (*Verbena bonariensis*, Blüte VII–X, lavendel) in Kombination mit dem Zebra-Chinaschilf (*Miscanthus sinensis* 'Strictus'), was eine ausdrucksstarke Flächenwirkung erzeugt. Die weiße Gartenrahmung hinterläuft auch den in die Ecke der spätesten Nachmittagssonne platzierten Sitzplatz und stuft sich danach in Richtung Rasenebene hinab. Der Sitzplatz erscheint, als wäre er praktisch aus der weißen Struktur herausgemeißelt worden. Der Bodenbelag aus leider nicht ganz erosionsfesten Schieferplatten ist mit dem Belag der Hausterrasse identisch und fördert den einheitlichen Eindruck.

Fotos Clive Nichols   **Design** Wynniatt-Husey Clarke, UK

Feines in der Fläche In der Entwurfsaufsicht wird die Anbindung der beiden Sitzbereiche besonders gut sichtbar. Ebenfalls gut zu erkennen ist die konsequent rechtwinklige Ausrichtung des Gartenraumes. Ein interessantes Detail „am Rande" ist der breite Plattenstreifen entlang der Gartenmauer. Er erleichtert dort nicht nur die Führung des Rasenmähers, sondern unterstreicht nun auch im Boden den Rahmungseffekt, indem er die Bodenflächen beider Bereiche zusammenführt. Im rechten Winkel dazu erhält die großzügige Terrassenfläche einen grafischen Abschluss aus drei parallelen Pflanzstreifen, in denen unterschiedliche Gräser ein lebendiges Farbenspiel erzeugen. Sofern keine Tropfbewässerung eingeplant ist, sollten Sie in einer steinernen Umgebung mit wenig Wurzelraum nur trockenheitsverträgliche Pflanzen einsetzen.

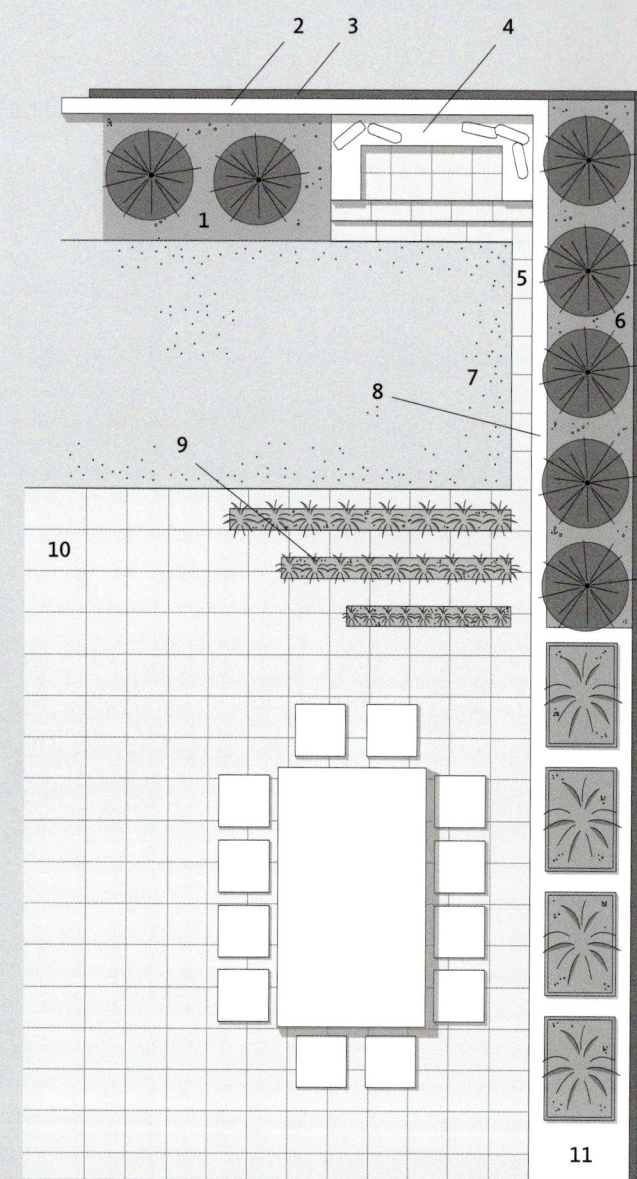

1 Pflanzfläche
2 Gartenmauer
3 Sichtschutzzaun
4 Sitzplatz
5 Plattenstreifen
6 Pflanzbeet
7 Rasen
8 Hochbeetkante
9 Gräserstreifen
10 Terrasse
11 Arbeitstheke

 Niedrige Gräser für trockene Beetsituationen

Blaustrahlhafer (*Helictotrichon sempervirens*)
Moskitogras (*Bouteloua gracilis*)
Bogen-Liebesgras (*Eragrostis trichodes*)
Blauschwingel (*Festuca cinerea* 'Glauca')
Schillergras (*Koeleria glauca*)
Reiher-Federgras (*Stipa pulcherrima*)

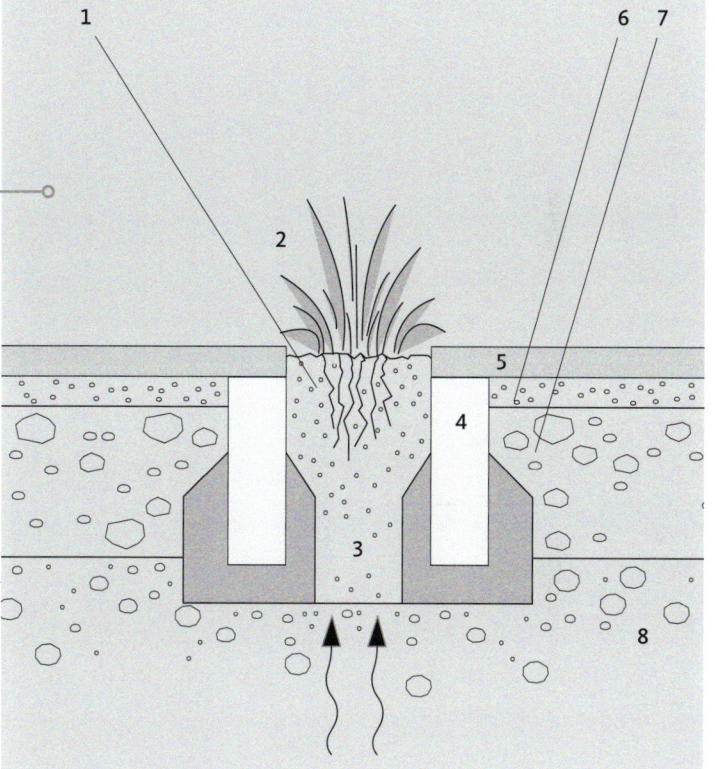

Schmale Pflanzstreifen in einem Plattenbelag

1 Pflanzsubstrat
2 Pflanzstreifen
3 betonfreier Bereich für Wasserbewegung
4 Betonkantenstein
5 Plattenbelag
6 Ausgleichsschicht
7 Tragschicht
8 verdichteter Untergrund

Black Box auf Oranje

Wenn Gestaltungen ausgefallen sein dürfen, kann die Suche nach Inspiration in der Welt der Industrieprodukte lohnenswert sein. Oft sind diese Gegenstände auch robuster als so manche hübsche Designer-Blüte. Als abgewandelter Nutzgegenstand bringen sie immer einen speziellen Charme in den Garten. Dieser ehemalige Übersee-Container hat nun ein Plätzchen als geräumiger Gartenschuppen gefunden. Sein in niederländischem Orange gestrichenes Blechkleid wird von einer bunt zusammengewürfelten Pflanzensammlung als Abstellfläche genutzt und bietet in seinem Inneren Platz für gärtnerische Aktivitäten mit unterschiedlichsten Pflanzensämereien. Das Saatgut dient dem Ziel, ein aktuelles Gartenprinzip zu leben: „Black Box Gardening". Es lässt der Natur viel freien Lauf. Bei Black Box Gardening wird gärtnerisch nur wenig korrigierend in das komplexe Ökosystem eingegriffen, sondern vorzugsweise beobachtend begleitet. Im Prinzip gibt es also große Gemeinsamkeiten mit dem klassischen Naturgarten. Daher sollten Sie wissen: Black Box Gardening heißt nicht „Nichtstun", sondern permanentes Schauen und Reagieren. Es ist ein beständiges Übungsfeld und eignet sich eher für wirklich wissbegierige Gartenfans. Dann jedoch ist es ein spannendes Thema, egal welchen Anstrich die Box nun am Ende auch hat.

Fotos Jürgen Becker **Design** Ann-Marie Powell, UK **Ort** RHS Chelsea Flower Show, UK

Blüte satt Black Box Gardens zeichnen sich gerne durch üppige Vielfalt aus. Die dazu verwendeten Pflanzen sind meist selbstaussähende Arten, die sich den tatsächlichen Standortbedingungen entsprechend weiterentwickeln. Doch gerade dann, wenn Sie persönlich noch nicht das umfangreiche Gartenwissen erworben haben, empfehle ich Ihnen, auch hier durchaus großzügig beständige Gräsergruppen einzustreuen. Dann ist es leichter, die Gartenflächen auch vor oder nach den üppigen Blühphasen mit einer ausreichend grünen Struktur auszustatten.

 **Pflanzen im Bild**

Rote Lupine (*Lupinus* 'Edelknabe')
Wiesen-Scharfgabe (*Achillea millefolium*)
Rasen-Schmiele (*Deschampsia cespitosa*)
Wolfsmilch (*Euphorbia*)
Storchschnabel (*Geranium palmatum*)
Nelkenwurz (*Geum* 'Prinses Juliana')
Kuckucks-Lichtnelke (*Lychnis flos-cuculi*)
Muskatellersalbei (*Salvia sclarea*)

 **Andere selbstversamende Pflanzen**

Bauerngarten-Stockrose (*Alcea rosea*)
Große Sterndolde (*Astrantia major*)
Weißer Fingerhut (*Digitalis purpurea* 'Alba')
Frühlings-Platterbse (*Lathyrus vernus*)
Purpur-Leinkraut (*Linaria purpurea*)
Moschus-Malve (*Malva moschata*)
Ballon-Blume (*Platycodon grandiflorus*)
Weiße Königskerze (*Verbascum nigrum* 'Album')

Guck mal: lazy! „Gartengenuss" geht unterschiedlich. Nicht alle widmen sich gerne dem Formschnitt ihrer Gehölze oder kümmern sich hingebungsvoll um den quirligen Mikrokosmos ihrer Teichwelt. Doch jeder verbringt gerne seine freie Zeit inmitten der friedlichen Natur. In diesem Garten wurde kunstvoll ein versteckter Bereich geschaffen, in dem sich unentdeckt vor allem „nichts tun" lässt und die gestresste Seele baumeln darf. Die relativ schmalen Pflanzbeete entlang den Wänden sind überwiegend bewohnt von robusten Stauden und Gräsern, die im Sommer keine tägliche Bewässerung verlangen oder, bei gut vorbereiteten Böden, zumindest eine kurze Trockenphase auch einmal klaglos wegstecken. Doch sind auch sie wie alle Pflanzen zarte Lebewesen, die Pflege benötigen, und Sie sollten ihnen daher bitte auch nicht extra viel Mühe abverlangen. In der gut windgeschützten Lage verbreitet hier sogar eine frostempfindliche Bananenstaude (*Musa*) etwas karibisches Flair. Wie durch einen kreisrunden Höhleneingang gelangt der Besucher in das blickgeschützte Gartenzimmer, das mit Platten aus Cor-Ten-Stahl aufgebaut wurde. Der für seine feine Rostpatina bekannte Stahl entwickelt seine Anmut ohne weiteres Zutun oder irgendwelchen Pflegeaufwand – wie geschaffen also für die ultimative Müßiggänger-Oase.

Fotos Marianne Majerus   **Design** Ana Sanchez-Martin, UK

Andere trockenverträgliche Stauden für einen „Lazy-Garden"

Färberkamille (*Anthemis tinctoria*), Blüte VI–IX, goldgelb
Gewöhnlicher Dost (*Origanum vulgare*), Blüte VII–IX, rosa
Wiesen-Schafgarbe (*Achillea millefolium*), Blüte VI–IX, weiß
Prachtkerze (*Gaura lindheimeri*), Blüte VII–X, weiß
Purpur-Sonnenhut (*Echinacea purpurea*), Blüte VII–IX, purpurrosa
Pyrenäen-Aster (*Aster pyrenaeus* 'Lutetia'), Blüte VIII–X, hellrosa
Duftnessel (*Agastache foeniculum*), Blüte VII–IX, lila

 Was ist Cor-Ten-Stahl?

Als „Cor-Ten-Stahl" wird ein „wetterfester Baustahl" bezeichnet, der ohne weitere Rostschutzmaßnahmen für Brücken und andere Bauwerke geeignet ist. Das in den 30er-Jahren entwickelte Metall enthält unter anderem zusätzliche Anteile an Kupfer und Chrom. Nach Bildung einer feinen, dichten Korrosionsschicht rostet dieser Stahl nicht mehr weiter und fasziniert mit seiner samtigen, braun-roten Oberfläche. Bis zu diesem Zeitpunkt ist draußen allerdings mit Rostflecken auf dem Boden durch ablaufendes Niederschlagswasser zu rechnen. Heute hat Cor-Ten-Stahl auch einen festen Platz in Kunst und Design gefunden.

Pflegeleichte trockenverträgliche Stauden

Phlox (*Phlox paniculata* 'Mount Fuji')
Duftnessel (*Agastache* 'Blue Fortune')
Sonnenhut (*Rudbeckia fulgida* var. *deamii*)
Reitgras (*Calamagrostis* × *acutiflora* 'Karl Foerster')
Wasserdost (*Eupatorium maculatum* 'Orchard Dene')

Energie im Fluss Mitunter inspirieren Höhenunterschiede im Gelände zu ungewöhnlichen Lösungen. Bei diesem Meditationsgarten weckte die höherliegende Hausterrasse die Idee, das fernöstlich inspirierte Bild eines trockenen Flussbetts zu realisieren. Die Topografie prägen kunstvoll aufgeschichtete Natursteinwände, welche als Ufermauern das kunstvoll geharkte Kiesbett einfassen. Wo Wasser fließt, bedarf es einer Brücke. Daraus entwickelten sich „frei" schwebende Plateaus – ideale Energiepunkte für ein entspanntes Hatha-Yoga. Gleichzeitig stellen sie die Verbindung zum gegenüberliegenden Ufer her und fungieren als die zentralen Bewegungszonen in der relativ unzugänglich wirkenden Gartenlandschaft. Neben den nicht betretbaren Kiesbildern und umgeben von malerischen Felsen prägen nur einige wenige ausdrucksstarke Gehölze den kontemplativen Kraftraum. Die Bepflanzung konzentriert sich auf klassische Vertreter der asiatischen Gartenkultur wie den Japanischen Ahorn (*Acer palmatum*) oder den grünhalmigen Bambus (*Phyllostachys bissettii*). Den sanft dahingleitenden Plateaus ist die stabile Verankerung auf kräftigen, frostfrei gegründeten Fundamenten im Boden nicht anzusehen. Sie sind jedoch unverzichtbar, damit die leichten Decks nicht auch ohne Wellengang ins Schwanken geraten, wenn sie für einen entspannten Sonnengruß betreten werden.

Fotos Marianne Majerus **Design** Amir Schlezinger, UK

🌱 Grundausstattung für Fernost-Themen

Japanischer Regenbogenfarn (*Athyrium niponicum* 'Metallicum')
Wald-Segge (*Carex sylvatica*)
Langblättriger Bambus (*Indocalamus tessellatus*)
Wachsglocke (*Kirengeshoma palmata*)
Schwarzer Schlangenbart (*Ophiopogon planiscapus* 'Nigrescens')
Strauch-Pfingstrose (*Paeonia rockii* 'Fen He')
Zwerg-Bambus (*Pleioblastus pygmaeus*)
Sternmoos (*Sagina subulata*)

**Schwebendes Holzdeck
über einer Natursteinmauer
Schnitt schwebendes Deck und Pfosten**

1 Verblendung
2 Wandisolierung
3 Natursteinmauer
4 frostfreies Mauerfundament
5 verdichteter Untergrund
6 Holzdiele
7 Füllboden
8 Unterkonstruktion
9 Tragschicht
10 Splittbelag
11 Stahlpfosten
12 Horizontalsperre

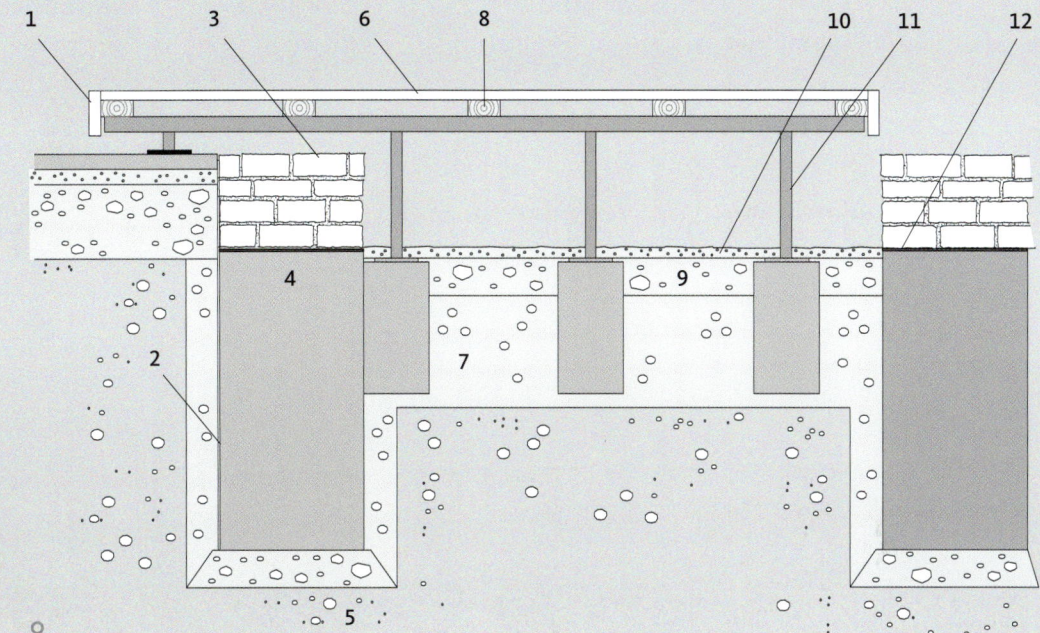

Leise Töne Ein Garten erhält dann seine eigene Persönlichkeit, wenn bestimmte Merkmale ihn unverwechselbar machen. Farbe ist ein starkes Hilfsmittel dafür. Hier fiel die Entscheidung auf sanfte Erdtöne sowie frische Weiß-Grün-Kontraste, die den gesamten Garten prägen. Angestoßen wird das Konzept durch die weiß gestrichene Gebäudewand in dem schattigen Innenhof. Davor zieht sich ein nuancenreiches Spiel zwischen weißen bis cremefarbenen Blüten und einem lebendigen Blattwerk von kräftigem Dunkelgrün bis zu zarten Pastelltönen durch die Pflanzung. Dank der kontemplativen Farbstimmung zeigen sich nun manche Details an Blüten und Blättern, die das Auge sonst vielleicht übersehen würde. Ein intensiverer Blick lohnt sich zum Beispiel auf die an der Unterseite silbrig behaarten Blätter der Weidenblättrigen Birne (*Pyrus salicifolia* 'Pendula', Blüte V, weiß) auf der folgenden Seite. Mit seinen länglich-schmalen Blättern gilt das Gehölz auch als perfekter Ersatz für den frostempfindlichen Olivenbaum. Irgendwo in diesem Farbspektrum liegt der Bodenbelag aus einem graubraunen Klinkerpflaster. Das feine Fugenbild verleiht der Sitzplatzfläche eine angenehm unprätentiöse Gelassenheit, die sich auch durch vereinzelte Algenbildungen an den Rändern oder herabfallendes Laub sicher nicht gleich aus der Ruhe bringen lässt.

Fotos Helen Fickling   **Design** The Garden Makers, UK

Schön zeitlos Das moderne Design der zurückhaltenden Ausstattung verbindet das romantische Gartenbild mit dem Stil der jüngeren Zeit. Neben der lieblichen Herbst-Anemone (*Anemone japonica* 'Honorine Jobert', Blüte VIII–X, weiß), die mit ihren hellen Blütentupfen den Schatten der hohen Gebäudewand belebt, überwiegt auch ansonsten die Farbe Weiß. Dadurch erweisen sich ebenfalls die geschmackvolle Möblierung und die Beleuchtung als tragende Bestandteile des Konzepts.

Drei Verlegemuster für Klinkerpflaster

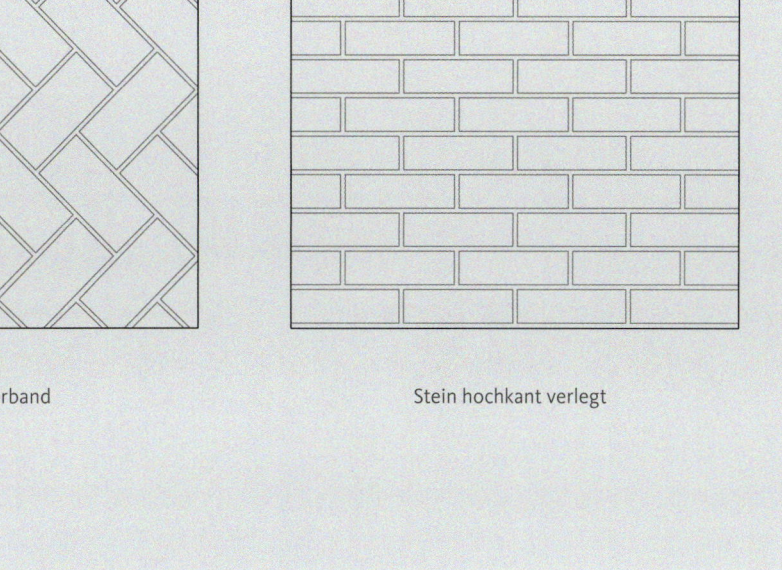

Fischgrätverband · Stein hochkant verlegt · Läuferverband (Stein flach verlegt)

Andere helle Blätter und weiße Blüten für Schattengärten

Wald-Geißbart (*Aruncus dioicus*), Blüte VI–VII, weiß
Storchschnabel (*Geranium nodosum* 'Silverwood'), Blüte VI–X, weiß
Schmale Lilientraube (*Liriope graminifolia*), Blüte VIII–IX, rosaweiß
Salomonsiegel (*Polygonatum multiflorum*), Blüte V–VI, weiß
Schaumblüte (*Tiarella cordifolia* 'Brandywine'), Blüte IV–VI, weiß
Weißes Immergrün (*Vinca minor* 'Alba'), Blüte IV–V, weiß

Die Zukunft der Wüste Nostalgie wird in diesem Garten nicht so recht aufkommen. Denn polygonale – also vieleckige – Zuschnitte signalisieren eher einen futuristischen Stil. Auch die verwendeten Materialien sind nicht im Gestern angesiedelt. Der um das Wasser herumführende Uferweg besteht aus trapezförmig zulaufenden Stahlplatten und das Wasserpflanzenbassin im Teichbecken erhielt eine Verkleidung aus gebürstetem Edelstahl. Der Boden des über dem Wasser gleitenden Sitzplatzes besteht aus einer modernen Epoxidharz-Oberfläche, deren Muster an die Schollen eines vertrockneten Wüstenbodens erinnert. Ein spacig geformter Sichtbetonblock bietet sich dort als Sitzbank an. Ansonsten ist hier von „Wüste" zunächst eher weniger zu sehen. Im Gegenteil, denn am Wasser grünt und blüht es optimistisch auf das üppigste. Um das erfrischende Nass herum arrangiert sich eine vitale Vegetation, die im Pflanzbassin und in einem Uferabschnitt sogar ganz clever die biologische Wasserreinigung managt. In die übrigen großzügigen Pflanzflächen sollten auch einige „wintergrüne" Stauden eingeplant werden. Diese Spezialisten halten ihr Blattgrün im Winter sehr lange und sorgen dafür, dass die Beete ansehnlich in das kommende Frühjahr übergehen. Mit etwas Weitblick könnte die Wüste also da bleiben, wo sie eigentlich hingehört.

Fotos Jürgen Becker   **Design** Hugo Bugg, UK   **Ort** RHS Chelsea Flower Show, UK

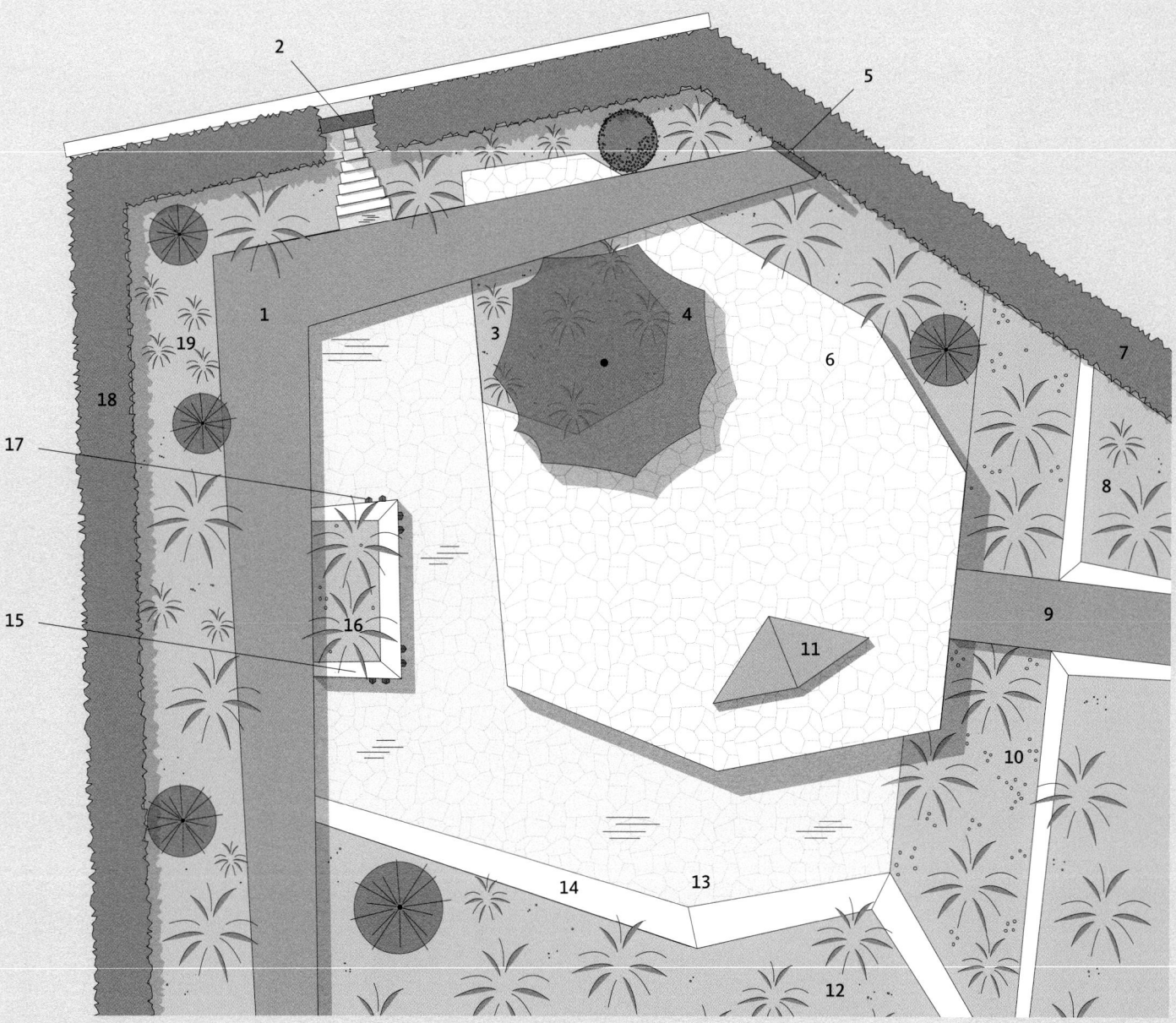

1 Weg aus Cor-Ten-Stahl-Platten
2 Wasserspeier
3 Pflanzbeet
4 Schattenbaum
5 Blickfang
6 Sitzplatz
7 Hecke
8 Pflanzbeet
9 Weg aus Cor-Ten-Stahl-Platten
10 Wasserpflanzen
11 Betonbank
12 Pflanzbeet
13 Wasserbecken
14 Einfassungsmauer
15 Edelstahlverkleidung
16 Wasserpflanzen
17 Wasserüberlauf
18 Hecke
19 Pflanzbeet

Lebendige Flächengestaltung Auf dem Übersichtsplan wird das kunstvolle Zusammenspiel der polygonalen Flächen deutlich. Durch die Überlagerungen einzelner Teilbereiche ergeben sich zudem spannungsvolle Höhenschichtungen. Achten Sie bei der Planung dieser Ebenen aber darauf, alle Höhenabstände zueinander gleich stark anzuordnen – das verhindert die Stolpergefahr. Idealerweise liegt eine gewöhnliche Schichtenhöhe je nach Materialstärke der Stufung bei fünfzehn bis zwanzig Zentimeter. Die Metallplatten im Gartenweg bestehen aus rutschsicher geriffelten Cor-Ten-Stahl-Platten. Unbearbeitete, völlig glatte Oberflächen bei Materialien wie Stahl oder Glas wirken zwar interessanter, können aber im Außenbereich ein deutlich erhöhtes Unfallrisiko darstellen.

Nimm Pflanzen ernst! Gerade Gartenanfänger unterschätzen oft die Bodenvorbereitung in Pflanzflächen. Zwar sind die grünen Lebewesen meist zähe Überlebenskünstler und „grün wird es ja irgendwie immer". Wenn Sie jedoch in Ihrem Garten eine wirklich vital-grüne und pflegeleichte Flora wünschen, ist eine umsichtige Vorbereitung des künftigen Lebensraumes der Pflanzen unabdingbar. Lockern Sie den Untergrund sorgfältig und seien Sie bei „günstig" angebotenen Oberböden vorsichtig, damit ihr Beet kein Staunässeproblem bekommt. Lassen Sie sich bezüglich geeigneter Substrate und regelmäßiger, gesunder Düngung am besten vor Ort von erfahrenen Gärtnern beraten. Auch im Bild zu sehen: Amsonien (*Amsonia tabernaemontana*), Schwertlilien (*Iris* 'Gerald Darby'), Sibirische Schwertlilien (*Iris sibirica* 'Perry's Blue') und der Purpurblütige Felberich (*Lysimachia atropurpurea* 'Beaujolais').

 Andere wintergrüne Sonnenstauden in Wassernähe

Stacheliger Bärenklau (*Acanthus spinosus*), Blüte VII–VIII, purpurviolett
Pfirsichblättrige Glockenblume (*Campanula pers.* 'Grandiflora Alba'), Blüte VI–VII, weiß
Nelkenwurz (*Geum coccineum* 'Coppertone'), Blüte V–VIII, gelb
Großblättriger Fingerhut (*Digitalis grandiflora*), Blüte VI–VIII, gelb
Palmlilien-Mannstreu (*Eryngium yuccifolium*), Blüte VII–IX, grünlich
Lenzrose (*Helleborus orientalis* 'Red Lady'), Blüte II–IV, rot
Purpurglöckchen (*Heuchera* 'Frosted Violet'), Blüte VI–VIII, rosa
Roter Bartfaden (*Penstemon barbatus* 'Coccineus'), Blüte VI–IX, rot
Enzian-Ehrenpreis (*Veronica gentianoides* 'Maihimmel'), Blüte V–VI, lichtblau

Wenn schon, denn schon   Wer sich eines Tages doch den Traum vom eigenen Swimmingpool erfüllen möchte, sollte diesen Weg dann auch konsequent beschreiten. Konsequenz empfiehlt sich zum einen in der Entscheidung für eindeutige Qualitätsprodukte bei allen wasserführenden Dichtungen und Einbauteilen. Zum anderen sollte das Design keine falschen Kompromisse eingehen. Besondere Aufmerksamkeit ist dabei der Beckenrandgestaltung zu schenken, denn hier entscheidet das daran vorbeischweifende Auge über seinen ersten Eindruck. Darüber hinaus prägt die gewählte Beckengröße meist die Wirkung des gesamten übrigen Gartens. Ein zu großes Becken wird leicht als Hindernis wahrgenommen, das alle weiteren Inhalte an den Gartenrand drängt. Damit Pool, Terrasse und Grünbereiche eine harmonische Bade-Oase ergeben, sollten sie in der Gestaltung gleichmäßig gewichtet werden. Hier wurde dem Pool über seine gesamte Länge eine großzügige Terrasse zugeordnet, deren wertige Materialität beide in einem harmonischen Gesamtbild vereint. Der angedeutete Pavillon am Beckenende stellt einen würdigen Abschluss der Wasserachse dar, spendet Schatten und macht zudem als attraktiver Terrassenzugang eine gute Figur. Ein Hingucker ist sicherlich auch seine plakative Rückwand. Gewünscht war bei der Planung nur etwas Farbkontrast – entstanden ist eine wahre Persönlichkeit.

Fotos Flora Press/Neil Sutherland   **Design** Cycas Landscape Design, AUS

Grüne Charakterköpfe Gehölze mit einer markanten Erscheinungsform – also einem besonderen Habitus – sind ideal für raumprägende Gestaltungen. Je nach Typ wirken Sträucher und Bäume jedoch sehr unterschiedlich. Dieser Garten präsentiert gleich drei verschiedene Verwendungsmöglichkeiten. Solitär-Bonsais wie die Japanische Stechpalme (*Ilex crenata*) eignen sich als kunstvoll geschnittene Formgehölze für hervorgehobene Einzelstandorte. Das direkte Gegenstück dazu stellen natürlich wirkende Bäume wie die Himalaja-Birke (*Betula utilis*) dar, die locker gruppiert sogar an ein wildes Waldstück erinnern können. Als dritte Gruppe zeigt der Garten Kleinbäume mit einer besonders kompakten Kronenform wie die säulenförmigen Zierkirschen (*Prunus serrulata* 'Kanzan'). In Reihe aufgestellt, werden sie auch in kleinen Gärten zu ästhetischen Raumbegrenzern.

Die fünf wichtigen Stationen für kristallklares Poolwasser

- Breite Oberflächen-Skimmer saugen schwimmende Blätter ab
- Der tiefliegende Bodenablauf saugt abgesenkte Schwebstoffe auf
- Ein feiner Kartuschen- oder Sandfilter hält kleinste Schmutzteile zurück
- Die präzise Mess- und Regeltechnik steuert zuverlässig Chlormenge und pH-Wert
- Klug platzierte Einströmdüsen bewirken eine optimale Beckendurchströmung

Sitzgelegenheiten im Außenraum können mehr sein als nur ein „praktischer Gartenstuhl". Vom flauschigen Outdoor-Sessel über die verträumte Liegeschaukel bis zum entspannten Day Bed rangieren heute die Möbelangebote, die mit ihrer hohen Komfortqualität die Aufenthaltszeit im Garten erheblich verlängern. Das Design eines Sitzelements ist natürlich so vielfältig denkbar, wie es auch unterschiedlichste Geschmäcke gibt. Wenn das Ambiente stimmen soll, ist die Außenmöblierung allerdings mit gleicher Sorgfalt auszuwählen wie eine Sitzgarnitur für das häusliche Wohnzimmer. Und auch hier gilt: Klarheit im Stil bedeutet Eindeutigkeit in der Gesamtwirkung. Eigenwillige Kreationen können sich daneben aber immer auch noch als ganz besonderer Blickfang hervorheben. Darüber hinaus sind bequeme Sitzmöglichkeiten direkt aus dem Gartenkonzept heraus entwickelbar. So eignen sich die Höhenunterschiede bei Gartenböschungen oder bei Treppenanlagen oft vorzüglich, um dort Sitzgelegenheiten einzuplanen. Schon eine normale Gartenmauer wird zum attraktiven Sitzplatz, wenn die Breite und Höhe der Abdeckplatte geeignet sind, einladende Sitzkissen darauf auszulegen oder speziell dafür angefertigte Bankauflagen zu montieren. So lässt sich der Garten um einen zusätzlichen Verweilort ergänzen, der gleichzeitig ein weiteres Blickziel darstellen könnte.

sitzmöbel

Trockendock Irgendwann hat jeder Kahn nun einmal ausgedient. Doch damit muss er noch lange nicht zum alten Eisen gehören. Mit etwas weiser Voraussicht können Klettergeräte und Sandkästen durchaus so konstruiert werden, dass sie zu einem späteren Zeitpunkt als Gartenplatz weiterfunktionieren. Gut geplant lassen sie sich dann einfach demontieren und sogar an anderer Stelle wieder aufbauen. Aus Buddelkästen

Foto Manuel Sauer Design Manuel Sauer, D

Foto Manuel Sauer Design Manuel Sauer, D

werden großzügige Liegeflächen und ehemalige Spielzeugtruhen verwandeln sich vielleicht in dekorative Brennholzlager mit einer neu hinzugefügten Feuerstelle. So kann es dann kommen, dass ein sturmerprobtes Piratenschiff künftig zu eher gemütlichen Kaffeefahrten einlädt. Alles hat halt seine Zeit.

Garten-Arena Geländeerhöhungen oder Böschungen bieten mitunter ganz natürliche Möglichkeiten, einen Aussichtspunkt zu platzieren. In diesem süddeutschen Garten wurden zwei Gartenebenen angelegt und durch eine mit Ziergräsern bepflanzte Böschung abgegrenzt. Neben einer gewöhnlichen Treppenanlage weist sie aber auch noch diese massiven Sichtbetonblöcke auf, die sich am Rande der Böschung verteilen. Sie sind mit etwas Geschick auch als Stufen nutzbar und erlauben so einen Gartenspaziergang jenseits des Hauptweges. Wer sich für einen Moment spontan hier niederlässt, erlebt den Garten aus einer weiteren, neuen Perspektive. Ein feines Licht zeichnet abends die Silhouetten der modernen „Felsen" nach.

Foto Manuel Sauer   Design Manuel Sauer, D

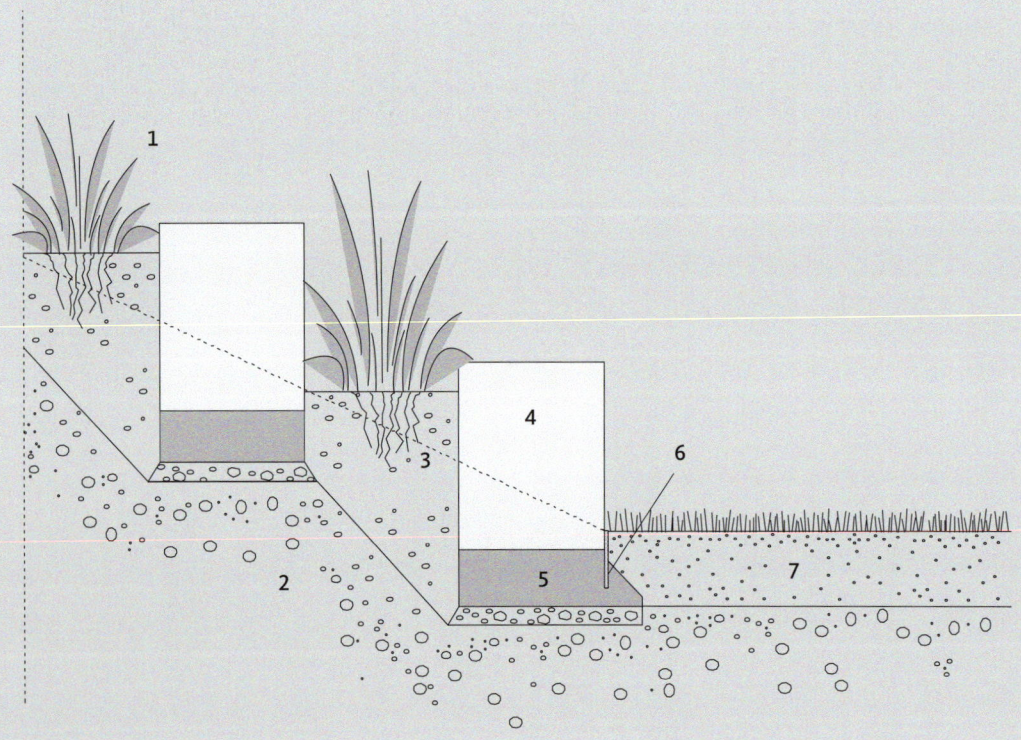

Betonsitzblöcke in einer Böschung

1 Gräserpflanzung
2 verdichteter Untergrund
3 Pflanzsubstrat
4 Betonblock
5 Fundament
6 Stahlbandkante
7 Rasensubstrat

Bau-Info: Ausblühungen

Auf den meisten Betonflächen bilden sich im Außenbereich oft weiße Kalkschleier, die sogenannten Ausblühungen. Schwer lösliches Kaliumkarbonat des Zements wandert im Beton an die Oberfläche und lagert sich dort ab. Dieser Prozess kann Jahre dauern, schwächt sich aber mit der Zeit meist ab. Die gute Nachricht: Der Beton verliert dadurch nicht seine Güte. Eine frühzeitige Imprägnierung des Betons kann Ausblühungen zumindest stark bremsen. Zementschleierentferner oder stark verdünnte Zitronensäure helfen bei der Entfernung der Schlieren. Testen Sie die optische Wirkung des Mittels aber immer erst an einer weniger wichtigen Stelle.

Foto Manuel Sauer   **Design** Manuel Sauer, D

Foto Marcus Harpur Design Kasia Howard, UK

Nicht von dieser Welt
Jenseits aller Design-Konventionen geht es gelegentlich etwas verblüffender zu. Wer über das regulär gestaltete Sitzmöbel hinaus eine Lösung sucht, findet sie vielleicht, indem er ebenfalls bei der Materialverwendung neue Wege denkt. Hier sehen Sie Sitzmöbel, die teilweise sogar aus typischen Materialen des Gartenbaus wie Naturstein und Grassoden zusammengesetzt wurden. Zur Stabilisierung trägt dann auch schon einmal ein Stahlrahmen bei. Innerhalb einer solchen Konstruktion sind ziemlich ausgefallene Kombinationen denkbar. Auch weniger

Foto Philippe Perdereau   Design Cristal Bubble, Derbez at Gassin, FR

standfeste Recyclingstoffe wie labile Einzelhölzer oder Kunststofffolien können nun frei angeordnet werden. Auch rund, aber doch eher futuristischer wirken transparente Kunststoffblasen, die wie eine verirrt gelandete Raumstation aus dem dunklen All direkt im Garten auftauchen und sich als eine Art regensicherer Familien-Kosmos anbieten.

Foto Clive Nichols   Design Arlette Garcia, UK

Kein Sessel von Oma Dank moderner Outdoor-Textilien sind bisher undenkbare Kreationen heute grundsätzlich möglich geworden. Zugegeben, eine gute Portion verspielte Fantasie ist für eine solche Gestaltung schon erforderlich. Doch dann ist Neues machbar, das andererseits aber auch bekannt anmutet. Die Ausgangsbasis für die eigenwillig „unmoderne" Sitzgruppe sind leicht erkennbare typische Stilelemente des historischen Möbelbaus, wie hier wohl dem Rokoko. Die beschwingte Leichtigkeit als damalige Antwort auf den behäbigen Barock des 17. Jahrhunderts wird nun durch die farbliche Unbeschwertheit der neuen Stoffe noch einmal unterstrichen. Auch so können Möbelideen entstehen, welche in gewisser Weise zu einer Stilaussage führen, die auf ihre Art sogar zeitlos bleibt.

Foto Marianne Majerus Design Maurizio Vegini, Studio GPT, IT

Nicht ganz echt Gleich zwei junge Designtrends sind auf dieser Gartenterrasse anzutreffen. Aus der modernen Kunststoffverarbeitung stammt der urig erscheinende Tisch mit seinen Sitzbänken. Erst auf den zweiten Blick wird deutlich, dass hier weder rustikale Baumstämme noch massive Holzbohlen verarbeitet worden sind. Es ist nur ein Spiel mit der Wirklichkeit. Dank der guten Abwaschbarkeit der witterungsbeständigen Kunststoffmöbel bleibt auch der helle Farbton recht lange erhalten. Ein anderes „Augenzwinkern" ist in der Gestaltung der Terrassenleuchte zu entdecken. Hier ist es das Spiel mit Nutzungsvorstellungen und der Maßstäblichkeit. Als übergroße Schreibtischleuchte steht das sehr authentisch wirkende Lichtelement im Gartenraum und lässt ihn plötzlich wie ein kleines Architekturmodell erscheinen. Für Außenbereiche geeignete Nachbildungen von Innenraumleuchten sind als unterschiedliche Modelle erhältlich.

Foto Marianne Majerus   Design Modular, UK

Direkt aus dem Wald stammt dieser bildschöne Bankblock natürlich nicht so einfach. Eine fachkundige Bearbeitung formte den Baumstamm erst zu einer ergonomischen Liege.

Scheibchenweise Gerundete Holzrahmen bilden eine filigrane Lattung und ergeben ein individuelles Möbelstück in zeitlosem Design.

Foto Marianne Majerus   Design Adam Frost, UK

Bio-Form Neben dem aktuellen geradlinig kühlen Möbelstil gibt es immer auch die eher organisch weicher geprägte Designströmung. Sie zeigt Möbel aus Naturmaterialien wie unbehandeltem Holz, die in unterschiedlicher Intensität bearbeitet wurden. Das Spektrum reicht hier vom natürlichen Baumstamm über das amorphe Liegeobjekt aus Vollmaterial bis hin zur eher klassischen Sitzbankoptik aus gefertigten Einzelteilen. Solche Möbel sollten im Garten möglichst von genügend freiem Raum umgeben sein, dann werden sie als ästhetische Solitäre erst ihre volle Wirkung entfalten. Das Gartenumfeld kann dem Möbelstil entsprechend naturnah geprägt sein, entwickelt andererseits aber auch sehr reizvolle Kontraste, wenn es sich in eher nüchternem Minimalismus präsentiert.

Foto Marianne Majerus Design Rae Wilkinson, UK

Foto Marianne Majerus Design Jeni Cairns, Sophie Antonelli, UK

Variationen vom Fass Im Rahmen der nachhaltig sinnvollen Wiederverwendung von Materialien kommt für fertige Behältnisse wie Tröge und Fässer eine große Einsatzbreite infrage. Neben der klassischen Verwendung als Pflanzgefäß überzeugen sie auch als Sitzmöbel. Mit etwas Fantasie und recht überschaubarem Aufwand zaubern Improvisationskünstler daraus im Handumdrehen einen individuellen Sitzhocker oder Gartentisch. Dabei ist Farbenvielfalt – zum Beispiel innerhalb einer Sitzgruppe – ein gangbarer Gestaltungsansatz – aber auch Farbeneinheit. Formschöne industriell gefertigte Produkte wie ehemalige Blechbehälter eignen sich für besonders ruhige Ausstattungsthemen. Mit ihnen sind rhythmische Wiederholungen und harmonische Reihungen möglich, die immer sehr charaktervolle Anordnungen zulassen.

Foto Jerry Harpur   Design Mark Rios, USA

Leicht und beschwingt Gewöhnlich benötigt Holz im Möbelbau stärkere Materialdurchmesser als zum Beispiel Stahl, um eine vergleichbare Belastbarkeit zu erzielen. Allerdings kann bei einer geschickten Konstruktionsweise auf die relativ massive Bauausführung verzichtet werden. Hier sehen Sie eine großzügig geformte Sitzbank, die in konsequenter Leichtbauweise entwickelt wurde. Einfache Bretter von nur etwas mehr als einem Zentimeter Materialstärke genügten dazu. Durch die Nutzung der Dielenbreiten zur Lastaufnahme konnte eine filigran anmutende Optik gewählt werden, die dennoch hohen Belastungen standhält. Die verschieden ausgerichtete Lattung sorgt für eine zusätzliche Verwindungssteifigkeit. Die harmonische Kurvenform der Bank sowie ihr strahlend gelber Anstrich werten die lebensfroh wirkende Sitzecke im Garten zu einem weithin sichtbaren Eyecatcher auf.

Foto Manuel Sauer   Design Manuel Sauer, D

Mediterrane Romantik   Leicht fallende Stoffbahnen fast wie bei einem Beduinenzelt: Wenig Aufwand bringt hier maximale Wirkung. Die robuste Bauweise der grob bearbeiteten Holzrahmung unterstreicht den spontanen Charakter dieser verlockenden Liege, die einen Schwimmbereich im Süden zu einer ästhetischen Wellness-Oase erhebt. Es soll darin übrigens auch schon zu echten Übernachtungen gekommen sein.

Schattiges Separee   Einen eleganten Gartenabschluss bietet dieses modern gestylte „Day Bed" auf einem feinen Natursteinplateau am Zierbecken. Eine Trittplatte im Wasser erlaubt den Zugang. Die herunterziehbaren Textilblenden schaffen zusätzlichen Sichtschutz zu allen Seiten.

Foto Jürgen Becker   Design Hélène Lindgens, Mallorca, ESP

Foto Ferdinand Graf Luckner Design Lederleitner, AUT

Ich bleib' heute liegen! Zugegeben, sie benötigen schon etwas Platz. Doch versprechen sie sicher die gemütlichste Form der genussvollen Entspannung: die „Day Beds". In den Dimensionen vom Canapé bis hin zum Doppelbett erlauben sie es, sich einfach einmal faul zu räkeln und durch den Tag zu träumen. Zum echten optischen Highlight werden die Liegeplätze, wenn sie stilsicher in ihre Umgebung eingebunden wurden.

Foto Volker Michael Design Manuel Sauer, D

Über den Beton geworfen Ein Betonwinkel als rahmender Terrassenabschluss am Waldrand. Die darübergelegte Holzauflage hält sich an den Kopfenden der Bank ein Stück weit zurück und bewirkt Leichtigkeit. Eine schmale Schlitzrinne vor den Sichtbetonblöcken führt zügig das Niederschlagswasser ab und verhindert in der Ecke die Pfützenbildung.

Holzbau individuell Holz gilt auch unter Heimwerkern als ein beliebter Baustoff, weil das Material sehr vielseitig einsetzbar ist und reichlich Improvisationsspielraum bietet. Mit ein wenig Planung und handwerklicher Detailfreude geht allerdings auch mehr. Dann verwandeln sich schlichte Sitzgelegenheiten in einladende Hingucker.

Vor das Fenster gestellt So wird das Eingangspodest am Wohnzimmer zum spontanen Lieblingsplatz: Die Rückenlehnen sind als flache Scheiben tief in der Unterkonstruktion verankert und harmonieren vortrefflich mit den zerbrechlichen Fensterscheiben.

Mit Farbe begleitet Ein maritimblaues Betonelement als Rückenlehne zu einer schlichten Holzbank sorgt für Spannung. Feines Ziergras (*Panicum virgatum* 'Heavy Metal') umspielt weich das Arrangement.

Foto Marianne Majerus Design Barry Burrows, Bartholomew Landscaping, UK

Buntes Treiben Ob Gartenbesitzer nun stark designorientiert sind oder sich eher zu den genügsameren Gestaltern rechnen – am Ende zählt, dass ein Sitzplatz vor allem einladend wirkt und Behaglichkeit signalisiert. Bei dieser Sitzecke sind es insbesondere die warmen Farben, die eine freundliche, ja fast sonnige Atmosphäre verbreiten. Sie finden sich gleichermaßen in den gemütlichen Sitzkissen wie auch in der Staudenpflanzung, die sich in den hohen Pflanzgefäßen am Geländer entlang aufbaut. Hier blühen lebenslustig robuste Arten wie die goldgelbe Schafgarbe (*Achillea filipendulina*) und der kultige Zierlauch (*Allium sphaerocephalum*) mit seinen markanten violetten Kugelblüten. Farbenfroh präsentieren sich auch pfiffige Accessoires wie die gläsernen Lampione, die an dünnen Drähten aufgereiht über den Tisch tanzen. Hier bleibt die Stimmung sicher auch noch zur späten Stunde besser, als manchem Nachbarn lieb sein dürfte.

Foto Marianne Majerus Design Amir Schlezinger, UK

Chic Plastique
Insbesondere auf Dachterrassen oder Balkonen kann der Wunsch nach üppiger Vegetation schnell einmal Gewichtsprobleme verursachen. Denn neben der erforderlichen Substratmenge für größere Wurzelballen bringen klassische Pflanzkübel aus Terrakotta oder Alublech zusätzlich ein beträchtliches Eigengewicht mit. Doch moderne, leichte Materialien wie der Glasfaserkunststoff (GFK) bieten eine Alternative dazu – und noch viel mehr. So lassen sich die Kunststoffbehälter in vielerlei freien Formen realisieren, wodurch sie – vielleicht auch kombiniert mit Licht – zu formschönen Objekten erwachsen. Schon manche aufwendige Balkongestaltung musste sich da etwas hintenanstellen und dem schlichten Kübel seinen Respekt zollen.

🖐 Pflanzkübelgrößen

Ein Pflanzkübel ist der Lebensraum der ihm anvertrauten Pflanze. Gerade wenn ein Gehölz auch als dichter, höherer Sichtschutz funktionieren soll, benötigen seine Wurzeln Platz. Verzichten Sie daher selbst auf kleinen Terrassen lieber auf etwas Nutzfläche und schenken der Pflanze diesen Raum in Form eines größeren Kübels. Neben längeren Gießintervallen werden Sie mit vitalem Grün und höherer Frostsicherheit belohnt.

Foto Marianne Majerus   Design Amir Schlezinger, UK

Foto Philippe Perdereau Design Concept Suspendu, Derbez at Gassin, FR

Fliegende Sessel Hier sehen Sie die vielleicht einfachste Art, es sich draußen gut gehen zu lassen. Wer es etwas kompakter mag, kann unter Hängesesseln wählen, die immer auch gleich einen behaglichen Sichtschutz im Rücken mitliefern. Sie benötigen eine kräftige Aufnahme für das Trägerseil, unter der der Sessel hindurch schwingen kann. Dazu bietet sich ein starker Baumast an oder ein überstehender Balkon. Nachdem das Seil mit Hilfe einer Leiter dort oben eingeklinkt wurde, ist die Arbeit getan. Der Rest ist „träumen".

Foto Marianne Majerus Design Julie Toll, UK

Foto Marianne Majerus Design Modular, UK

Einfach abhängen Wenn sich etwas mehr Platz bietet und Sie zwei stabile Befestigungspunkte finden, sind die Nutzungsbedingungen für eine lässige Hängematte bereits erfüllt. Weil sie sich mittels eines Karabinerhakens meist sehr einfach wieder lösen lassen, sind Hängematten schnell wegräumbar und daher ideal für enge Hinterhöfe oder kleinste Balkone. Eine pfiffige Gestaltung der Pfosten, zum Beispiel in Form einer auffälligen Lackierung, nimmt ihnen den sachlichen Charakter und macht sie im Handumdrehen zum objekthaften Blickpunkt.

anhang

Pflanzenindex

A

Acanthus spinosus 152
Acer campestre 40
Acer palmatum 141
Acer palmatum 'Atropurpureum' 105
Acer palmatum 'Dissectum' 108
Acer palmatum 'Seiryu' 122
Acer palmatum 'Aureum' 122
Achillea filipendulina 181
Achillea millefolium 134, 138
Aconitum napellus 122
Agastache foeniculum 'Blue Fortune' 139
Agastache foeniculum 138
Alcea rosea 135
Allium 'Early Emperor' 39
Allium nigrum 47
Allium sphaerocephalum 181
Amelanchier lamarckii 87, 88
Amsonia tabernaemontana 152
Anemone japonica 'Honorine Jobert' 146
Antennaria dioica 98
Anthemis tinctoria 138
Aquilegia 99
Aruncus dioicus 147
Asplenium trichomanes 25
Aster pyrenaeus 'Lutetia' 138
Astilbe 'Bumalda' 122
Astilboides tabularis 29
Astrantia major 135
Athyrium niponicum 'Metallicum' 25, 142

B

Bergenia 25
Betula utilis 156
Bouteloua gracilis 130
Brunnera macrophylla 25
Butomus umbellatus 95

C

Calamagrostis × acutiflora 'Karl Foerster' 139
Camassia 122
Campanula latifolia 122
Campanula pers. 'Grandiflora Alba' 152
Campanula rotundifolia 98
Carex elata 25
Carex sylvatica 142
Carpinus betulus 125
Cercidiphyllum japonicum 108
Cornus kousa 88
Cornus kousa var. chinensis 108
Crataegus crus-gallii 62

D

Dahlia 94
Deschampsia cespitosa 117, 134
Dicksonia antarctica 27
Digitalis grandiflora 152
Digitalis purpurea 'Alba' 135
Dryopteris filix-mas 29

E

Echinacea purpurea 138
Eragrostis trichodes 130
Eryngium yuccifolium 152
Eupatorium maculatum 'Orchard Dene' 139
Euphorbia 134
Euphorbia characias 47
Euphorbia cyparissias 98
Euphorbia seguieriana 29

F

Festuca cinerea 'Glauca' 25, 130

G

Gaura lindheimeri 138
Geranium macrorrhizum 'Spessart' 25
Geranium nodosum 'Silverwood' 147
Geranium palmatum 134
Geum 'Prinses Juliana' 134
Geum coccineum 'Coppertone' 152
Ginkgo biloba 'Pendula' 40
Gunnera manicata 29

H

Hakonechloa macra 27
Helictotrichon sempervirens 130
Helleborus niger 25
Helleborus orientalis 'Red Lady' 152
Hemerocallis 'Crimson Pirate' 122
Heptacodium miconioides 88
Hersperis matronalis 122
Heuchera 'Frosted Violet' 152
Heuchera 25
Hieracium aurantiacum 98
Hippophae rhamnoides 62
Hosta 'Eye Declare' 122
Hosta lancifolia 25
Hosta sieboldiana 'Elegans' 29
Hyacinthoides hispanica 122
Hydrangea macrophylla 'Endless Summer' 115
Hydrangea paniculata 111
Hydrangea paniculata 'Limelight' 119
Hydrangea aspera subsp. sargentiana 108

I

Ilex aquifolium 62
Ilex crenata 156
Indocalamus tessellatus 142
Iris 99
Iris 'Gerald Darby' 152
Iris sibirica 'Perry's Blue' 152
Iris kaempferi 95
Iris sibirica 122

K

Kirengeshoma palmata 142
Koeleria glauca 130
Koelreuteria paniculata 88

L

Lathyrus vernus 135
Lavandula angustifolia 'Hidcote Blue' 30, 44
Linaria purpurea 135
Liquidambar styraciflua 39, 40
Liriope graminifolia 147
Lobelia fulgens 'Queen Victoria' 95
Lupinus 'Edelknabe' 134
Lychnis flos-cuculi 134
Lysimachia atropurpurea 'Beaujolais' 152

M

Malus 'Red Sentinel' 66
Malus 'Golden Hornet' 40
Malus 'Makamik' 88
Malva moschata 135
Miscanthus sinensis 'Silberturm' 29
Miscanthus sinensis 'Strictus' 129
Morus alba 62
Musa 137

N

Nandina domestica 108
Nymphaea 'Madame Laydeker' 95
Nymphaea alba 117

O

Ophiopogon planiscapus 'Nigrescens' 142
Origanum vulgare 138
Osmanthus × fortunei 88

P

Paeonia rockii 'Fen He' 142
Panicum virgatum 'Heavy Metal' 179
Parrotia persica 88
Pennisetum alopecuroides 'Hameln' 39
Penstemon barbatus 'Coccineus' 152
Perovskia atriplicifolia 'Little Spire' 44
Phlox paniculata 'Mount Fuji' 139
Photinia × fraseri 'Red Robin' 66
Phyllostachys bissettii 141
Pinus nigra subsp. *nigra* 88
Platanus × acerifolia 69
Platycodon grandiflorus 135
Pleioblastus pygmaeus 142
Polygonatum multiflorum 147
Polystichum setiferum 'Herrenhausen' 53
Pontederia cordata 95
Prunus sargentii 108
Prunus serrulata 'Kanzan' 156
Pyrus calleryana 'Chanticleer' 66
Pyrus salicifolia 'Pendula' 145
Pyrus salicifolia 57, 62

Q

Quercus palustris 40

R

Ranunculus acris 'Multiplex' 122
Ranunculus aconitifolius 'Pleniflorus' 122
Rheum palmatum var. *tanguticum* 29
Rhus typhina 'Dissecta' 94
Rudbeckia fulgida var. *deamii* 139
Ruta graveolens 'Jackman's Blue' 44

S

Sagina subulata 142
Salix alba 62
Salvia officinalis 'Purpurascens' 44
Salvia sclarea 134
Salvia pratensis 98
Sedum reflexum 98
Sideritis syriaca 44
Stipa pulcherrima 130

T

Taxus baccata 33
Thymus serpyllum 98
Thymus serpyllum 'Lemon Curd' 44
Tiarella cordifolia 'Brandywine' 147
Tilia cordata 66
Trachelospermum jasminoides 53
Trollius europaeus 99
Typha minima 95

V

Verbascum nigrum 'Album' 135
Verbena bonariensis 129
Veronica gentianoides 'Maihimmel' 152
Viburnum plicatum 'Mariesii' 108
Vinca minor 'Alba' 147
Vitex agnus-castus 44
Vitis vinifera 115

Z

Zantedeschia aethiopica 95

Sach- und Materialindex

A
Akku-Ladestation 75

B
Bade-Oase 155
Baumverankerung 40
Black Box Gardening 133
Blattstauden 25, 121
Bodeneinbauleuchte 41, 58, 88
Bodenvorbereitung 152
Böschungen 162

C
Charakterstauden 122
Cor-Ten-Stahl 53, 54, 125, 137, 138

D
Dachbegrünung 98
Dachterrasse 17, 182
Day Bed 176
Düngung 152

E
Eckbank 17
Edelstahl 149
Entwässerungsgefälle 35, 36
Erdspießstrahler 69

F
Feuerelement 105, 125

G
Gehölze, buntlaubig 105
Gehölze, dachförmig 39, 69
Gehölze, schirmförmig 87, 88
Geländetopografie 65
Glasfaserkunststoff 182
Grill 78

H
Hängematte 185
Holzbank 53, 179
Holzdeck 84, 142

I
Innenhof 145

K
Kamin 47, 57, 59, 116
Kleinbäume 66, 69, 119
Klinkerpflaster 145
Kunstobjekt 17, 55

L
Lavasplitt 91
Lazy-Garten 138
LED-Technik 70

M
Mähroboter 91
Mediterrane Pflanzen 44

N
Nachbarschaftsrecht 66
Naturgarten 133

O
Oberflächenentwässerung 91
Obstwiese 83
Outdoorküche 77, 78
Outdoorschrank 28, 29, 31

P
Pflanzgefäße 181
Pflanzsubstrat 18, 22, 70, 131

R
Rasenmäher 91, 130

Rasenskulptur 87, 88
Rasenteppich 73, 75, 87
Rückenlehne 37, 69, 179

S
Schattengärten 147
Sichtbetonblock 149, 162
Sichtbetonmöbel 50
Sichtschutz 93, 115, 182
Sitzbank 28, 47, 59, 149
Sonnensegel 102
Stauden, wintergrün 149
Sumpfzone 94
Swimmingpool 155

T
Teich 97
Teichfilter 117
Treppenanlage 35
Tropfbewässerung 69, 130

U
Uferpflanzen 94, 95
Unterflurverankerung 70, 71

V
Vertikale Begrünung 21, 22, 25
Vier-Jahreszeiten-Gehölze 88

W
Wasserbecken 73, 105, 106, 108, 115, 122
Wasserpflanzen 94
Wurzelraum 69, 83

Z
Zementschleierentferner 163
Ziersträucher 108

Designer

James Aldridge 32–37
www.jamesaldridgedesign.com

Sophie Antonelli 172
www.thegreenbackyard.com

Chris Beardshaw 120–123
www.chrisbeardshaw.com

Reinhold Borsch 100–103
www.koiteiche.com

Hugo Bugg 148–153
www.hugobugg.com

Barry Burrows 180
www.bartholomewlandscaping.com

Jeni Cairns 172
www.juniperhousegardendesign.com

**Patrick Wynniatt-Husey &
Patrick Clarke Garden Design**
128–131

Stuart Craine 52–55
www.stuartcraine.com

Cycas Landscape Design 154–157
www.cycas.com.au

Sarah Eberle 92–95
www.saraheberle.com

Adam Frost 96–99, 170
www.adamfrost.co.uk

Arlette Garcia 166–167

gartenplus 110–113
www.gartenplus.com

Jason Hodges 42–45
www.greenartgardens.com.au

Kasia Howard 164

Joseph Huettl 104–109
www.huettldesign.com

Lederleitner 177
www.lederleitner.at

Hélène Lindgens 176
www.sonmuda.com

Paul Martin 76–77
www.paulmartindesigns.com

Modular 170, 185
www.modulargarden.com

Ann-Marie Powell 132–135
www.ann-mariepowell.com

Puur Groenprojecten 72–75
www.puurgroen.nl

Miles Raybould 20–25
www.belsizegardens.com

Mark Rios 174
www.rchstudios.com

JoanMa Roig 10–15
www.joanmaroig.com

Sara Jane Rothwell 10–15
www.londongardendesigner.com

Charlotte Rowe 46–51,
56–59, 60–63, 64–67, 124–127
www.charlotterowe.com

Ana Sanchez-Martin 136–139
www.germinatedesign.com

Manuel Sauer 38–41, 82–85,
86–91, 160–161, 162–163,
176, 178–179
www.terramanus.de

Amir Schlezinger 140–143,
182–183
www.mylandscapes.co.uk

Andy Sturgeon 16–19
www.andysturgeon.com

The Garden Makers 144–147
www.garden-makers.co.uk

Julie Toll 184
www.julietoll.co.uk

Karin van den Hoven 114–119
www.karinvandenhoven.nl

Maurizio Vegini 168–169
www.studiogpt.it

Rae Wilkinson 171
www.raewilkinson.com

Stephen Woodhams 68–71
www.stephenwoodhams.com

Tony Woods 24–31
www.tonywoodsgardendesign.co.uk

Outdoorküchen

Grillgoods GmbH & Co. KG 78
www.grillgoods.de

DIE OutdoorKüche 79
www.dieoutdoorkueche.de

Impressum

Der Autor, die Fotografen und der Verlag danken den Gartenbesitzern, Gartendesignern, Landschaftsarchitekten und Herstellern, die durch ihre großartigen Projekte, ihre freundliche Mithilfe und Unterstützung zum Gelingen dieses Buches beigetragen haben. Für die unermüdlichen Bemühungen um die außerordentliche Qualität dieses Buches danken wir als Verlag unseren Mitarbeitern Johanna Hänichen, Melanie Müller-Illigen, Ellen Schlüter, Anne Krause, Philine Anastasopoulos und Valerie Mayer. Ausdrücklich dankt der Autor hier auch Florian Kneer für die umsichtige und präzise Erstellung der Übersichtspläne und Detailskizzen.

Originalausgabe Becker Joest Volk Verlag GmbH & Co. KG
Bahnhofsallee 5, 40721 Hilden, Deutschland
© 2017– alle Rechte vorbehalten
1. Auflage Februar 2017

ISBN 978-3-95453-125-7

TEXT Manuel Sauer
ZEICHNUNGEN Florian Kneer, Terramanus Landschaftsarchitektur
FOTOS Marianne Majerus, Jürgen Becker
UMSCHLAG Vorne: *Foto* Marianne Majerus *Design* Tony Woods *Ort* London, UK – Hinten oben: *Foto* Marianne Majerus *Design* Julie Toll *Ort* London, UK – Hinten Mitte: *Foto* Marianne Majerus *Design* Maurizio Vegini, Studio GPT *Ort* Bergamo, IT – Hinten unten: *Foto* Marcus Harpur *Design* Big Green Egg *Ort* RHS Chelsea Flower Show, UK
PROJEKTLEITUNG, BILDREDAKTION Johanna Hänichen
BILDBEARBEITUNG Ellen Schlüter und Makro Chroma Joest & Volk OHG, Werbeagentur
KONZEPT, TYPOGRAFISCHE GESTALTUNG Melanie Müller-Illigen nach der Konzeption von Justyna Krzyżanowska, Makro Chroma Joest & Volk OHG, Werbeagentur
SATZ, LITHOGRAFIE, LEKTORAT Makro Chroma Joest & Volk OHG, Werbeagentur
BOTANISCHES LEKTORAT Ulla Hannecke
DRUCK Firmengruppe Appl, aprinta druck GmbH